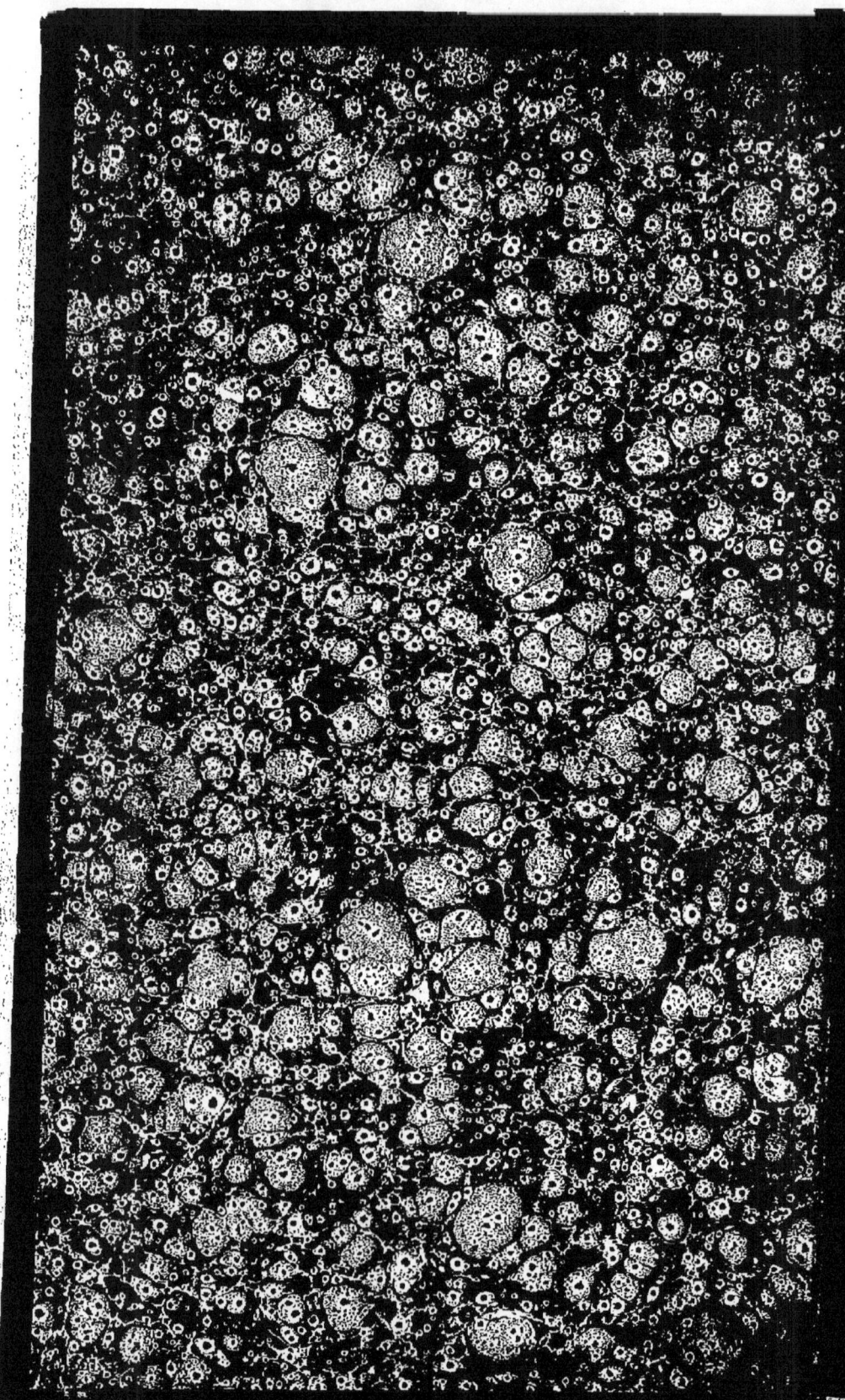

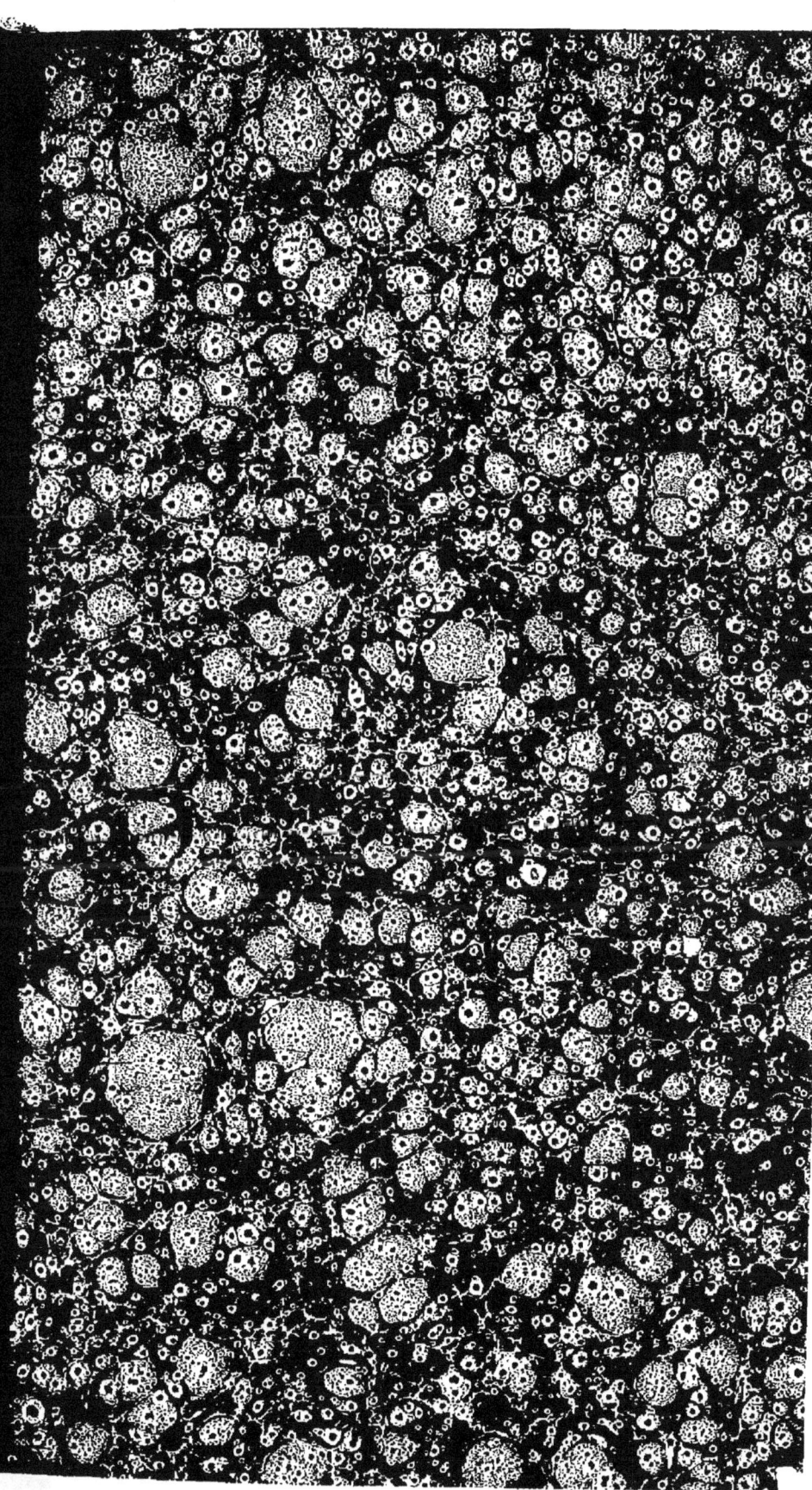

172

**CABINET LITTÉRAIRE,**

COLLECTION UNIVERSELLE DES MEILLEURS ROMANS MODERNES.

---

OEUVRES COMPLÈTES

DE

**CHARLES DICKENS.**

TOME IV.

OLIVIER TWIST.

IV.

PARIS.—IMPRIMERIE DE COSSON, RUE ST.-GERMAIN-DES-PRÉS, 9.

# OLIVIER TWIST,

OU

## L'ORPHELIN DU DÉPOT DE MENDICITÉ,

PAR

### CHARLES DICKENS,

TRADUIT DE L'ANGLAIS

Par Ludovic BENARD.

TOME QUATRIÈME.

PARIS,
GUSTAVE BARBA,
ÉDITEUR DU CABINET LITTÉRAIRE,
COLLECTION UNIVERSELLE DES MEILLEURS ROMANS MODERNES,
RUE MAZARINE, N° 34.
1841.

# OLIVIER TWIST.

## CHAPITRE PREMIER.

UNE VIEILLE CONNAISSANCE D'OLIVIER, DONNANT DES PREUVES D'UN GÉNIE SUPÉRIEUR, DEVIENT UN PERSONNAGE PUBLIC DANS LA MÉTROPOLE.

Le même soir que Nancy vint trouver Rose Maylie, après avoir donné à Sikes un breuvage soporifique, deux personnes que le lecteur connaît déjà, mais avec lesquelles (pour l'intelligence de cette histoire), il doit renouer connaissance, s'acheminaient vers Londres, par la grande route du Nord.

Ces deux voyageurs étaient un homme et une femme (peut-être serait-il mieux de dire un mâle et une femelle). Le premier au corps long et fluet, était monté très-haut sur jambes et avait une de ces figures osseuses auxquelles il est difficile d'assigner aucun âge exact : c'était un de ces êtres enfin, qui paraissent déjà vieux quand ils sont encore jeunes, et qui paraissent enfans quand ils commencent à prendre de l'âge. La femme pouvait avoir dix-huit ou vingt ans ; mais elle était solidement construite et il fallait qu'elle le fût en effet, à en juger par l'énorme paquet qu'elle portait sur son dos, au moyen de bretelles. Celui de son compagnon, enveloppé d'un mouchoir bleu et pendant au bout d'un bâton, formait un très-peit volume et semblait faire ressortir la longueur de ses jambes qui le mettait à même d'arpenter lestement le terrain : aussi avait-il sur sa compagne l'avance de quelques pas. De temps à autre, il se retournait brusquement et, par une secousse de tête, semblait lui reprocher sa lenteur et l'engager à marcher plus vite.

Ils cheminèrent donc ainsi, sans faire attention aux objets qui se trouvaient devant eux, excepté lorsque quelque chaise de poste venant de Londres, les forçait à se ranger de côté ; et quand ils passèrent devant *Highgate*, l'homme s'arrêta et, d'un ton d'impatience, appela sa compagne.

« Avance donc, veux-tu ! — Que tu es lente, va, Charlotte ! »

« Ce paquet est bien lourd comme le diable ! » dit celle-ci, épuisée de fatigue.

« Lourd ! c'te bêtise ! A quoi es-tu propre donc ? » reprit celui-là changeant d'épaule son petit paquet. « Oh ! te voilà encore arrêtée !... s'il n'y a pas de quoi vous faire perdre patience ! »

« Y a-t-il encore bien loin ? » demanda la femme, s'asseyant sur un banc et essuyant la sueur qui ruisselait de son front.

« S'il y a encore loin ? Tu es encore bonne, toi, de me demander ça ! » dit l'homme aux longues jambes. « Ne vois-tu pas d'ici les lumières de Londres ? »

« Il y a encore au moins deux bons milles d'ici, » dit la femme d'un air découragé.

« Eh bien ! après ? Qu'il y en ait deux ou qu'il y en ait vingt, » répliqua Noé Claypole ( car c'était lui-même ). « Allons ! lève-toi, et en route, si tu ne veux que je te donne un coup de pied pour te faire déguerpir ! »

Comme le nez naturellement rouge du sieur Noé était devenu pourpre de colère, et que le susdit jeune homme s'avançait vers Charlotte d'un air furieux, comme s'il eût volu mettre sa menace à exécution, celle-ci se leva sans mot dire, et se remit en marche.

« Où penses-tu t'arrêter pour passer la nuit, Noé? » demanda-t-elle après avoir fait une centaine de pas.

« Est-ce que je puis savoir! » répliqua celui-ci que la fatigue de la route avait rendu excessivement maussade.

« Près d'ici, je pense? » dit Charlotte.

« Non, pas près d'ici! » reprit Noé. « Si tu t'imagines cela, tu as bien tort. »

« Pourquoi pas? »

« Si je dis que je ne veux pas faire une chose, ça doit suffire, » répartit avec dignité le sieur Claypole. « Ainsi, il est inutile de me demander des *parce que* et des *pourquoi*. »

« Il n'y a pas là de quoi se fâcher, » dit Charlotte.

« Une belle chose, pas vrai, de s'arrêter à la première auberge à l'entrée de la ville; de sorte que si Sowerberry était à notre poursuite, il n'aurait qu'à montrez son nez là où nous serions, pour nous faire revenir en charrette, avec chacun une paire de menottes! » dit Noé d'un air moqueur. « Non, pas si bête! J'irai, au contraire, dans l'endroit le plus retiré et le moins en vue que je pourrai trouver. Du reste, tu dois te trouver heureuse que j'aie de la tête ; car si nous n'avions pas pris dès l'abord un chemin tout opposé à celui-ci, pour revenir ensuite à travers la campagne, il y a déjà huit jours que tu serais sous les *verroux*, ma chère. »

« Je sais bien que je ne suis pas si maligne que toi, » reprit Charlotte; « mais n' faut pas mettre toute la faute sur moi seule, parce que si j'étais, comme tu dis, sous les verroux, tu y serais aussi, Noé, il n'y a pas le moindre doute. »

« C'est toi qui a pris l'argent de la tirelire; tu ne peux pas dire le contraire, » dit le sieur Claypole.

« Je l'ai pris pour toi, Noé, » répartit Charlotte.

« L'ai-je gardé ? » demanda celui-ci.

« Non, c'est vrai. Tu as eu confiance en moi, et tu me l'as laissé porter comme un bon enfant que tu es, » dit Charlotte, lui donnant un petit coup sous le menton, et passant son bras dans celui du jeune homme.

Le fait est que le sieur Claypole n'était pas homme à se confier aveuglément en qui que ce fût ; et s'il avait eu ainsi confiance en Charlotte, c'est qu'il avait craint de se compromettre dans le cas où on les aurait poursuivis, et que l'argent se trouvant sur elle seule, il aurait pu protester de son innocence et échapper peut-être à la justice. Il ne fut pas assez sot sans doute pour expliquer à Nancy le motif qui l'avait fait agir ainsi en cette circonstance, et ils avancèrent côte à côte comme de bons amis.

En conséquence du plan de conduite qu'il s'était tracé, le sieur Claypole marcha sans s'arrêter jusqu'à l'hôtel de l'*Ange* à Islington, où la foule des passans et le nombre des voitures lui firent penser qu'il était enfin arrivé à Londres.

Ne s'arrêtant juste que le temps nécessaire pour observer quelles étaient les rues les plus fréquentées, et que par conséquent il devait éviter avec le plus de soin, il traversa le carrefour Saint-Jean et fut bientôt perdu dans les rues tortueuses et étroites qui se trouvent entre *Gray's Inn* et *Smithfield*, et qui font de cette partie de la ville l'un des quartiers les plus affreux et les plus dégoûtans de la capitale.

Noé, traînant Charlotte après lui, tantôt ralentissait le pas au coin d'une de ces rues qu'il parcourait des yeux dans toute sa longueur, pour voir s'il ne découvrirait point l'enseigne de quelque modeste auberge, et tantôt se remettait à marcher comme de plus belle s'il craignait que l'endroit ne fût trop public pour lui. Il s'arrêta enfin devant un cabaret plus sale et plus chétif en apparence que tous ceux qu'il avait vus jusqu'alors; et après en avoir examiné scrupuleusement l'extérieur, il annonça gracieusement à Charlotte son intention d'y passer la nuit.

« Ainsi, donne-moi ce paquet, » dit-il, défaisant les bretelles passées autour des bras de Charlotte et s'en chargeant lui-même, « et ne t'avise pas d'ouvrir la bouche, à moîs que je ne t'adresse la parole! — Quelle est l'enseigne de la maison? A.... u.....x.... aux, t... r... o... i... s.... trois,

aux trois....., aux trois..... aux trois quoi ? »
demanda-t-il.

« Aux *Trois-Boiteux*, » dit Charlotte.

« Aux *Trois-Boiteux?* » répéta Noé. « Elle n'est déjà pas si bête cette enseigne-là ! — Toi, suis-moi, et fais bien attention à ce que je t'ai recommandé ! » Ayant dit ces mots, il poussa la porte avec son épaule, et entra suivi de Charlotte.

Il n'y avait au comptoir qu'un jeune juif qui, les deux coudes appuyés sur la table, était occupé à lire un journal crasseux. Il regarda fixement Noé, et celui-ci le considéra de même.

Si Noé avait eu son costume de l'école de charité, l'air d'étonnement avec lequel le juif le regardait n'eût pas paru extraordinaire ; mais comme il avait une blouse par-dessus ses vêtemens, il n'y avait rien en lui, ce semble, qui dût attirer à ce point l'attention dans un cabaret.

« N'est-ce pas ici l'auberge des *Trois-Boiteux?* » demanda Noé.

« C'est l'enseigne de cette baison, » répondit le juif.

« Un monsieur que nous avons rencontré sur la route nous a recommandé votre maison, » dit Noé, faisant signe de l'œil à Charlotte, autant pour lui faire remarquer la subtilité de son esprit que pour l'avertir de ne laisser paraître aucun signe de surprise.. « Pouvons-nous y avoir un lit pour cette nuit ? »

« Je d'sais bas s'il y a boyen, » reprit Barney, qui était garçon dans cette maison. « J'ben vais b'inforber. »

« Conduisez-nous dans la salle, et servez-nous un plat de viande froide et une pinte de bière, en attendant, » dit Noé.

Barney les ayant introduits dans une petite salle basse, leur apporta bientôt après ce qu'ils avaient demandé, les informant en même temps qu'ils pourraient passer la nuit et qu'on allait leur préparer un lit ; après quoi il se retira.

Cette salle était située de manière que quelqu'un qui connaissait la maison, pouvait, au moyen d'un petit carreau placé dans un angle, voir de la salle d'entrée tout ce qui s'y passait, sans courir le risque d'être vu ; et qu'en appliquant son oreille au susdit endroit, il était facile d'entendre ce qui s'y disait. Le maître de la maison avait l'œil collé à cet endroit, depuis plus de cinq minutes, prêtant l'oreille en même-temps à la conversation de nos deux voyageurs, et Barney venait justement de leur rendre la réponse ci-dessus, quand Fagin entra pour s'informer si on n'avait point vu quelques-uns de ses jeunes élèves.

« Chut ! » fit Barney, mettant son doigt sur ses lèvres. « Il y a deux bersodes dans la bedite salle. »

« Deux personnes ! » répéta le vieillard à voix basse.

« Oui ; et de drôles de corps, allez ! » ajouta Barney. « Ils arrivent de la gambagne ; bais c'est quequ'chose dans vot'genre ou bien, j'be drombrais fort. »

Cette nouvelle parut intéresser vivement Fagin : il monta sur un tabouret, appliqua son œil au carreau et fut à même de distinguer le sieur Claypole mangeant sa viande et buvant sa bière, en compagnie de Charlotte.

« Ah ! ah ! » dit tout bas Fagin, se tournant vers Barney. « L'air de ce gaillard-là me plaît assez !... Il nous serait utile, j'en suis certain !... Il comprend à merveille la manière de vous mener la donzelle! Ne fais pas de bruit, Barney, que j'entende ce qu'ils disent ! »

Le juif appliqua derechef son œil au carreau, retenant son haleine pour mieux entendre, et l'expression de son visage en ce moment était tout-à-fait satanique.

« Décidément je veux être un monsieur!» dit le sieur Claypole, allongeant ses jambes et finissant une conversation commencée avant l'arrivée de Fagin. Je ne veux plus faire de cercueils; j'en ai assez de ça ! mais je veux mener une joyeuse vie, et si tu veux, Charlotte, tu seras une dame ! »

« Je ne demanderais pas mieux, Noé, » reprit celle-ci. « Mais on ne trouve pas tous les jours des tire-lires à vider. »

« Bah ! » fit Noé. » Il y a bien autre chose, ma foi, que des tire-lires à vider ! »

« Que veux-tu dire ? » demanda Charlotte.

« Il y a des poches, des ridicules, des maisons, des carrosses, la banque même... est-ce que je sais, moi ! » dit Noé, excité par *le porter*.

« Mais tu ne peux pas faire tout cela, Noé ? » dit Charlotte.

« Je verrai à m'associer avec d'autres, s'il y a moyen, » reprit le sieur Claypole. « Ils ne seront pas embarrassés de nous employer d'une manière ou d'autre. Toi-même tu vaux cinquante femmes comme toi!... Je n'ai jamais vu, de ma vie ni de mon vivant, une créature plus séduisante et plus rusée, lorsque je te laisse faire ! »

« Oh ! comme ça me fait plaisir de t'entendre dire cela ! » s'écria la fille, imprimant un gros baiser sur la figure hideuse de son compagnon.

« C'est bon, en voilà assez comme ça ! Ne sois pas trop affectionnée, de crainte de me déplaire, » dit Noé, la repoussant avec gravité... « J'aimerais être le capitaine de quelque bande... J'vous les mènerais rondement et j'me déguiserais pour les guetter... Oui, cela me conviendrait assez!... et si je pouvais seulement rencontrer quelques messieurs de ce genre, je dis que ça vaudrait bien la *bank-note* de vingt livres que tu as soufflée à Sowerberry, d'autant plus que nous ne savons pas trop, ni l'un ni l'autre, comment nous en défaire. »

Ayant ainsi déclaré son opinion, le sieur Claypole regarda dans le pot à bière, d'un air avisé, et en ayant bien secoué le contenu, il fit un signe d'intelligence à Charlotte, et en but une gorgée qui parut le rafraîchir extrêmement. Il se disposait à en boire une autre lorsqu'il fut interrompu par l'arrivée subite d'un étranger. Cet étranger n'était autre que M. Fagin qui, faisant un salut gracieux accompagné d'un sourire aimable, en passant devant nos deux voyageurs, s'assit à une table près d'eux, et ordonna au rusé Barney de lui servir quelque chose à boire.

«Une belle soirée, ma foi!... un peu froide pour la saison cependant, » dit Fagin en se frottant les mains. « Vous arrivez de la campagne, à ce qu'il paraît, monsieur ? »

« Comment pouvez-vous savoir? » demanda Noé.

« Nous n'avons pas tant de poussière que cela dans Londres, » reprit le juif, montrant du doigt les souliers de Noé, puis ceux de Charlotte, et ensuite les deux paquets.

« Vous m'avez l'air d'un *finaud*, » dit Noé. « Ha! ha! As-tu entendu, Charlotte?»

« On ne saurait trop l'être dans une ville comme celle-ci, » répartit le juif, baissant la voix. « C'est une vérité. »

Il accompagna cette remarque d'un petit coup sur son nez avec l'index de sa main droite; geste que Noé voulut imiter, mais qu'il manqua complètement à cause du peu d'étoffe que le sien offrait en cette partie de son visage. Fagin, satisfait de l'intention, l'interpréta comme une parfaite coïncidence avec sa manière de penser, et il partagea libéralement avec nos deux amis, la liqueur que Barney avait apportée.

« C'est du chenu, cela! » observa Noé, faisant claquer ses lèvres.

« Oui; mais c'est cher! » dit Fagin. « Un homme ne peut faire autrement que de vider des poches, des ridicules, des maisons, des carrosses et même la banque, s'il veut en boire régulièrement à tous ses repas. »

A ces paroles, Noé se laissa retomber sur le dos de sa chaise, et regarda alternativement Fagin et Charlotte, avec une expression de surprise et d'effroi.

« Que cela ne vous effraie pas, mon cher! » dit Fagin se rapprochant de Noé. « Ha! ha! c'est bien heureux que je suis le seul qui vous ait entendu, par le plus grand des hasards. C'est, ma foi, bien heureux qu'il n'y ait que moi! »

« Ce n'est pas moi qui ai pris *la bank-note*, » balbutia Noé n'allongeant plus ses jambes, comme un homme *indépendant*, mais les fourrant du mieux qu'il put sous sa chaise : « C'est elle qui a fait le coup. Tu l'as encore sur toi, Charlotte ; tu ne peux pas dire le contraire. »

« Peu importe qui a fait le coup, ou qui a l'argent, mon cher, » reprit le juif, fixant cependant ses yeux de faucon sur la jeune fille et sur les deux paquets. « Je suis moi-même dans la *partie*, et je ne vous en aime que plus pour cela. »

« Dans quelle *partie* voulez-vous dire?, » demanda le sieur Claypole, un peu plus rassuré.

« Dans la même *branche de commerce*, » repartit Fagin. « Ainsi sont les gens de cette maison. Vous êtes tombé ici comme *Mars en carême*, mon cher !.... Il n'y a pas dans

Londres, un endroit plus sûr que les *Trois-Boiteux*;... surtout si je vous prends sous ma protection... Et comme vous et cette jeune femme m'inspirez de l'intérêt, vous pouvez vous tranquilliser; je puis vous assurer qu'il n'y a rien à craindre. »

Noé Claypole eût dû, en effet, se tranquilliser, d'après cette assurance; mais si son esprit était plus à l'aise, son corps ne l'était certainement pas, car il se tordit de mille manières sur sa chaise, et il prit différentes positions toutes plus bizarres les unes que les autres, regardant, tout le temps, son nouvel ami avec un air de défiance et de crainte tout à la fois.

« Je vous dirai plus, » repartit le juif, après être parvenu à rassurer la fille, à force de signes de tête et de protestations d'amitié : « J'ai un mien ami qui pourra satisfaire le désir que vous venez d'exprimer, en vous lançant dans la bonne voie : vous laissant le maître (bien entendu), de choisir d'abord la partie qui vous conviendra le mieux, et se réservant le soin de vous enseigner les autres. »

« Vous dites cela, comme si vous parliez sérieusement, » reprit Noé.

« Je ne vois pas pourquoi je plaisanterais, » dit le juif haussant les épaules. « Venez avec moi à la porte, que je vous dise un mot en particulier. »

« Ce n'est pas nécessaire de nous déranger, » dit Noé allongeant ses jambes de nouveau. « Vous pouvez me dire cela, tandis qu'elle va porter les paquets en haut. — Charlotte! vois un peu à ce que ces paquets soient placés dans la chambre où nous devons coucher. »

Charlotte se mit en devoir d'obéir, et Noé tint la porte ouverte, pour lui faciliter le passage et pour la voir sortir, après quoi il vint se rasseoir.

« Comme je vous la fais marcher, hein! » dit-il, du ton d'un directeur de ménagerie qui aurait apprivoisé une bête féroce.

« A merveille! » dit Fagin, lui donnant un petit coup sur l'épaule. « Vous êtes un génie, mon cher! »

« C'est bien pour cela que je suis venu à Londres, » reprit Noé. — Mais nous ferons bien de ne pas perdre notre temps, car elle ne va pas tarder à revenir. »

« Vous avez raison, au fait, » dit le juif. « Eh bien, voyons! si mon ami vous plaît, pensez-vous que vous puissiez mieux faire que de vous associer avec lui? »

« Fait-il de bonnes affaires?... c'est que c'est là le grand point! » demanda Noé en clignant ses petits yeux.

« Il en fait d'excellentes, » répondit le juif. « Il occupe une foule de *mains*, et il a à son service les *travailleurs* les plus *habiles* et les plus *distingués de la profession*. »

« Comme qui dirait alors des *ouvriers-bourgeois*, » demanda le sieur Claypole.

« Il n'y a pas un seul *pègre* (1) parmi eux et je pense bien que, même à ma recommandation, il ne consentirait point à vous prendre, s'il n'était à court *d'ouvriers* en ce moment, » répliqua le juif.

« Croyez-vous que je sois obligé de *cracher au bassinet* (2)? » demanda Noé frappant sur son gousset.

« Cela ne peut guère se faire autrement, » répliqua Fagin d'un air plus décidé.

(1) Voleur de la basse classe.
(2) Débourser de l'argent.     (*Notes du traducteur.*)

« C'est que vingt livres sterling, c'est une belle somme! »

« Pas quand ça se trouve dans une seule *banknote* dont on ne sait comment se défaire, » reprit Fagin. « Le numéro et la date en sont pris, je pense,... et le paiement en est arrêté à la banque?... Ça ne vaut pas le Pérou pour lui, allez, je vous assure.... Il sera obligé de le faire changer à l'étranger; il n'en retirerait pas grand'chose sur la place. »

« Quand pourrai-je le voir? » demanda Noé d'un ton irrésolu.

« Demain matin, » répondit le juif.

« Où? »

« Ici. »

« Hem! » fit Noé. « Quels sont les appointemens? »

« Vivre en vrai monsieur, la table et le logement, pipes, tabac et liqueurs à volonté; — moitié de ce que vous gagnerez, et moitié de ce que gagnera la jeune femme, » répliqua Fagin.

Que le sieur Claypole dont la rapacité n'était pas des moins grandes eût accédé à ces conditions ( quelque avantageuses qu'elles fussent d'ailleurs), s'il avait été parfaitement libre, est une chose assez douteuse; comme il craignait qu'en cas de refus de sa part, il ne prît envie à sa nouvelle connaissance de le livrer incontinent à la justice, il dit que cela lui convenait.

« Mais, » observa-t-il, « comme Charlotte est elle-même capable de bien des choses, j'aimerais assez un genre d'occupation pas par trop fatigant. »

« Un *travail* de fantaisie, vous voulez dire? » reprit le juif.

« Oui, quelque chose comme ça, » repartit Noé. « Que croyez-vous qui me convienne le mieux pour le présent?... Vous savez là..., une occupation qui n'épuise pas trop les forces et en même temps qui ne soit pas bien dangereuse? — ce serait justement mon affaire ! »

« Je vous ai entendu dire, il n'y a qu'un instant que vous aimeriez espionner les autres, » dit le juif. « Mon ami a grand besoin de quelqu'un qui s'acquitterait bien de ce genre de travail. »

« J'ai parlé de ça, c'est vrai, et je le ferais assez volontiers, une fois par hasard, » reprit le sieur Claypole en hésitant; « mais cela ne rapporterait rien, vous savez. »

« C'est vrai, repartit le juif réfléchissant, ou plutôt feignant de réfléchir. « Cela ne pourrait rien rapporter... Aimeriez-vous dévaliser les vieilles dames? — Il y a beaucoup d'argent à faire avec elles : on leur arrache des mains leurs petits paquets ou leur sacs, et on se sauve avec. »

« Oui; mais ne crient-elles pas bien fort, aussi? Et ne vous égratignent-t-elles pas quelquefois la figure? » dit Noé secouant la tête. « Je ne pense pas que cela puisse me convenir. N'y a-t-il pas un autre *genre de travail* qui soit plus de mon goût? »

« Attendez un moment! dit le juif posant sa main sur le genou de Noé. « Il y a encore les *moutards*. »

« Qu'est-ce que c'est que ça? demanda celui-ci.

« Les *moutards*, mon cher, » répliqua le juif, « sont les jeunes enfans qui vont à droite et à gauche faire des commissions pour leurs parens. Ils ont presque toujours un schelling ou une pièce de six sous à la main pour payer le boulanger, l'épicier, le charcutier ou la fruitière : on vous les culbutte dans le ruisseau, après leur avoir pris leur argent, et on passe ensuite son chemin, comme si de rien n'était, et qu'il n'y eût autre chose qu'un enfant de tombé et qui pleure parce qu'il s'est fait mal. Ah! ha! ha! »

« Ha! ha! » répéta le sieur Claypole. « Voilà justement mon affaire! »

« Il n'y a pas de doute à cela, » répartit Fagin. « C'est un genre *d'occupation* qui ne manque jamais. Vous trouverez de quoi exercer votre industrie à toute heure du jour, du côté de *Camden-Town* et de *Battle-Bridge* : ces quartiers là fourmillent d'enfans qui vont en commission. »

Disant cela Fagin bourrait le sieur Claypole dans le ventre et dans le côté; et ils se mirent tous deux à rire à gorge déployée.

« Eh bien! c'est convenu! » dit Noé voyant que Charlotte était rentrée sur ces entrefaites. « A quelle heure, demain ? »

« A dix heures, cela vous va-t-il? demanda le juif. Et quand le sieur Claypole eut fait un signe de tête affirmatif, il ajouta.

« Sous quel nom faudra-t-il que je parle de vous à mon ami? »

« M. Bolter, » répondit Noé, qui avait prévu la question et qui s'était préparé à y répondre. « Monsieur Maurice Bolter. « Voici madame Bolter, » poursuivit-il en montrant Charlotte.

« Serviteur à madame Bolter ! » dit Fagin faisant un salut grotesque. « J'espère, avant peu, avoir l'avantage de la mieux connaître. »

« Entends-tu ce que te dit monsieur, Charlotte ? » dit le sieur Claypole d'une voix de tonnerre.

« Oui, Noé, » reprit madame Bolter tendant sa main à Fagin.

« Elle m'appelle Noé, comme par manière d'amitié, » dit M. Maurice Bolter (ci-devant Noé Claypole), s'adressant à Fagin. « Vous comprenez ? »

« Oui, oui, je comprends..... parfaitement, » reprit le juif, disant la vérité pour cette fois. « Bon soir ! bon soir ! »

« Après maint adieux et maint complimens de part et d'autre, le juif sortit, et Noé Claypole, resté seul avec Charlotte, raconta à celle-ci, avec cet air de hauteur et de supériorité qui convient à un homme rempli de l'importance de sa nouvelle position sociale dans le monde, les arrangemens qu'il venait de prendre avec leur nouvelle connaissance.

# CHAPITRE II.

#### LE MATOIS SE FAIT DE MAUVAISES AFFAIRES.

« Ainsi, c'était vous-même qui étiez votre ami ? » dit le sieur Claypole, autrement Bolter, quand, par suite de leurs conventions, il fut allé le lendemain demeurer chez le juif. « Je m'en serais presque douté hier. »

« Tout homme est son propre ami à lui-même, » reprit le juif avec un sourire insinuant. « Il ne peut nulle part en trouver de meilleur. »

« Excepté quelquefois, pourtant, » dit Maurice Bolter, se donnant les airs d'un homme du monde. « Il y a des gens (vous savez) qui sont leurs ennemis à eux-mêmes. »

« Ne croyez pas cela, » dit le juif. « Lorsqu'un homme est son propre ennemi, c'est seulement parce qu'il est beaucoup trop son ami, et non pas parce qu'l prend plus les intérêts des autres que le sien propre. Bah! c'te bêtise! ce ne serait pas naturel, d'ailleurs. »

« Cela ne doit pas être; c'est facile à comprendre du reste, » reprit le sieur Bolter.

« La raison seule vous le dit, » répartit le juif. « Certains astrologues prétendent que le numéro *trois* est le nombre magique, et d'autres assurent que c'est le numéro *sept*. Erreur, mon cher! c'est le numéro *un*. »

« Ha! ha! s'écria le sieur Bolter, « vive le numéro un! »

« Dans une petite république comme a nôtre, mon cher, » dit le juif, le numéro *un* est commun à tous; c'est-à-dire que vous ne pouvez vous considérer *vous* numéro *un*, sans nous considérer de même, moi et les autres. »

« Que le diable soit de vous! » s'écria le sieur Bolter.

« Vous voyez bien, » poursuivit le juif, sans paraître remarquer l'interruption du sieur Bolter. « Nos intérêts sont tellement mêlés ensemble, qu'il ne peut en être autrement. Par exemple, il est de votre intérêt, à vous, de prendre soin du numéro *un*, — qui est vous-même. »

« Comme de juste ! » reprit le sieur Bolter. « Vous avez parfaitement raison en cela. »

« Eh bien, donc ! vous ne pouvez prendre soin de vous-même (numéro *un*), sans prendre soin de moi (numéro *un* de même). »

« Numéro *deux*, vous voulez dire ? » répartit le sieur Bolter, qui était doué d'une certaine dose d'égoïsme.

« Eh non ! numéro *un*, vous dis-je ! » répliqua le juif. « Je dois vous être de la même importance que vous l'êtes à vous-même. »

« Dites-donc ! » interrompit le sieur Bolter. « Vous êtes un brave homme et je vous estime infiniment ; mais notre amitié ne va pas encore jusque là ! »

« Voyez un peu si c'est raisonnable ! » dit le juif haussant les épaules. « Vous avez fait une action que j'approuve fort du reste, et pour laquelle je m'intéresse vivement à vous, mais qui pourrait pourtant vous faire passer autour du cou certaine *cravate* facile à mettre et difficile à défaire..... la hart, en un mot. »

Le sieur Bolter porta aussitôt la main à sa cravate, comme si elle eût été trop serrée, et fit signe qu'il comprenait.

« Le gibet, mon cher, » continua Fagin, « est un poteau hideux surmonté d'une petite traverse au bout de laquelle pend une corde qui a terminé la carrière de plus d'un *brave de grand chemin* (1). Chercher à tenir un juste milieu et à conserver une distance respectueuse entre cet instrument destructeur et vous, c'est ce que j'appelle votre numéro *un*. »

« Sans doute, » reprit monsieur Bolter. « Mais à quoi bon parler de ces choses là? »

« C'est seulement pour vous faire comprendre ce que je veux vous dire, » répliqua le juif en fronçant le sourcil. « Pour vivre à l'abri du danger, vous pouvez compter sur moi; pour tenir en ordre mes petites affaires, je dois pouvoir compter sur vous. Dans le premier cas, c'est votre numéro *un*, dans le second c'est le mien. Plus vous tenez à votre numéro *un*, et plus vous aurez soin du mien, voilà ce que je voulais vous dire d'abord, et vous conviendrez que j'ai

(1) Voleur. (*Note du traducteur.*)

raison. C'est en effet par des égards réciproques pour le numéro *un* de chacun de nous, que nous nous soutenons. Où en serait notre *société* sans cela ?»

« C'est encore vrai, » reprit M. Bolter, d'un air pensif. « Oh! vous êtes un vieux malin ! »

M. Fagin vit avec un certain plaisir l'impression qu'il avait produite sur le sieur Bolter. Pour en augmenter l'effet, il l'instruisit de l'état de ses affaires et de ses opérations de *commerce*, mêlant si bien la fiction à la vérité, que le respect et la crainte qu'il avait inspirés à ce digne jeune homme s'accrurent visiblement.

« C'est cette confiance mutuelle que nous avons l'un envers l'autre qui me console et me dédommage, pour ainsi dire des pertes douloureuses que je fais quelquefois, » poursuivit Fagin. « Mon meilleur *sujet*.... mon bras droit m'a été ravi hier matin. »

« Vous voulez dire qu'il est mort, sans doute ? » reprit le sieur Bolter.

« Non pas, » répartit Fagin. « Pas si mal que cela.... Pas tout-à-fait si mal. »

« Que peut-il donc lui être arrivé ? »

« Ils ont eu besoin de lui, » répliqua le

juif. « Ils ont jugé à propos de le retenir. »

« Pour affaires importantes, peut-être ?» demanda le sieur Bolter.

« Non, » reprit le juif. « Ils prétendent qu'il l'ont vu mettre la main dans la poche d'un monsieur. Ils l'ont fouillé, comme de raison, et ils ont trouvé sur lui, une tabatière d'argent,... la sienne, mon cher, la sienne à lui, car il adorait le tabac en poudre, et il en prenait habituellement. Ils l'ont gardé jusqu'aujourd'hui, prétendant connaître l'individu à qui appartient cette *bagatelle*... Ah! il valait bien cinquante tabatières comme celle-là; et j'en donnerais, s'il était en mon pouvoir, la valeur avec le plus grand plaisir, pour le ravoir auprès de moi! Je voudrais que vous eussiez connu le Matois, mon cher; je voudrais que vous l'eussiez connu ! »

« Faut espérer que je le connaitrai, » dit le sieur Bolter.

Ah! j'en doute fort, » répliqua le juif, avec un soupir. « S'ils n'obtiennent point de nouvelles preuves, à l'appui de cette accusation, ce ne sera pas grand' chose, et il nous reviendra dans six semaines ou deux mois au plus tard ; sans quoi ils sont dans le cas de l'envoyer au *pré*, comme *pensionnaire*. Ils connaissent bien tout ce qu'il vaut et ils en feront un *pensionnaire*. »

« Qu'entendez-vous par *pré* et *pensionnaire*? » demanda le sieur Bolter. « A quoi bon me parler de cette manière puisque je ne comprends pas ! »

Fagin allait traduire en langage vulgaire, ces expressions mystérieuses et recherchées et le sieur Bolter eût su alors que la combinaison de ces mots *pré* et *pensionnaire*, signifiait condamné à perpétuité, quand le dialogue fut interrompu par l'arrivée de maître Bates, qui entra d'un air contrit, les deux mains dans ses poches.

« C'est fini, Fagin ! » dit Charlot, lorsque le juif les eut présentés l'un à l'autre.

« Que veux-tu dire ? » demanda celui-ci d'une voix tremblante.

« Ils ont trouvé le monsieur à qui appartient la boîte, » reprit maître Bates.

« Deux ou trois témoins, qui plus est, sont venus grossir l'accusation, et le pauvre Matois est enregistré pour un *passage au loin.* Il me faut un costume de deuil et un crêpe à mon chapeau, Fagin, pour l'aller visiter avant son départ. De penser que Jacques Dawkins, *le Matois, le fin Matois*, sera déporté pour une méchante tabatière de deux sous et demi!.... Je n'aurais jamais cru qu'il dût faire ce *voyage* à moins d'une montre d'or avec sa chaîne et les breloques. Oh! pourquoi n'a-t-il pas dévalisé quelque vieux richard! Il aurait fait parler de lui et serait du moins parti comme un *monsieur*, au lieu de nous quitter, sans honneur et sans gloire, comme un misérable *grinche!* »

Donnant ainsi un libre cours à sa douleur, maître Bates se laissa tomber sur une chaise et garda quelque temps le silence.

« Qu'entends-tu par-là, quand tu dis qu'il nous quitte sans honneur et sans gloire? » demanda Fagin d'un ton courroucé « N'a-t-il pas toujours été le premier d'entre vous tous?... y en a-t-il un seul, dis-moi, qui soit digne de décrotter ses bottes, hein? »

« Non certainement! » répondit maître Bates, d'une voix piteuse « je n'en connais pas un seul qui puisse se vanter de cela. »

« Et bien, alors! que nous chantes-tu là? » dit le juif avec aigreur. « A quoi bon ces jérémiades ? »

« Parce qu'on n'en dit rien dans les journaux; vous le savez bien vous-même » s'écria Charlot s'irritant, en dépit de son vénérable ami. « Parce que l'affaire n'aura point de publicité, et que personne ne saura jamais ce qu'il était. Comment figurera-t-il dans le calendrier de Newgate? Peut-être bien son nom n'y sera-t-il pas inscrit seulement. Ah! mon Dieu, mon Dieu! quel malheur!... si ce n'est pas désolant!»

« Ha! ha! » fit le juif étandant la main et se tournant vers le sieur Bolter « voyez un peu comme ils sont fiers de leur *profession*, mon cher! « N'est-ce pas édifiant ?

Le sieur Bolter fit un signe approbatif, et le juif, après avoir contemplé quelques instans, avec une évidente satisfaction, le désespoir de Charlot, s'approcha de cet intéressant jeune homme et lui donnant un petit coup sur l'épaule.

« Console-toi, va Charlot » dit-il d'un ton doucereux « cela se saura toujours va, tu peux en être sûr. Tout le monde saura ce qu'il est et ce qu'il vaut. Il le fera bien voir lui-même. Ce n'est pas un garçon à déshonorer ni ses *Rifandels* ni son *Coire* (1). Il est si jeune aussi, pense donc! quel honneur, vois-donc un peu, Charlot, d'aller au *pré* à son âge!».

« Oui certainement que c'en est un! » dit Charlot un peu apaisé « Et c'est encore une consolation. »

« Il ne manquera de rien, » reprit le juif. « Il sera dans sa cellule comme un seigneur, Charlot, comme un jeune prince. Il aura tout ce qu'il désire,... tout. Je veux qu'il ait, comme d'habitude sa bière à tous ses repas et de l'argent dans sa poche, pour jouer à pile ou face, s'il ne peut le dépenser. »

« Vraiment ? » s'écria Charlot.

« Sans doute, répartit le juif. « Et nous lui trouverons un défenseur, Charlot. Nous choisirons celui qui passe pour avoir la meilleure *platine* (2). Il prendra son parti avec chaleur dans un superbe discours qui touchera l'audience. Notre jeune ami parlera

(1) Ni ses camarades ni son chef.
(2) Qui est le plus éloquent.    (*Notes du traducteur.*)

aussi à son tour, s'il le juge convenable, et nous verrons cela dans tous les journaux.

— « *Le fin Matois*.... (éclats de rire parmi l'auditoire.) Plus loin... (Agitation au banc de MM. les jurés.)..... Et quelques lignes plus bas encore... (Hilarité générale.) Hein, Charlot ! »

« Ah ! ah ! » s'écria maître Bates en riant, « c'te besogne qu'il va vous leur tailler à tous, dites-donc Fagin ! comme le Matois va vous les r'tourner ! Je ne les vois pas *blancs* avec lui, s'cusez du peu ! »

« Et qu'il fera bien de ne pas les ménager ! » reprit le juif.

« Il n'y a pas de doute, » reprit Charlot se frottant les mains avec un air de satisfaction.

« Il me semble le voir maintenant, » dit le juif, fixant ses regards sur son jeune élève. »

« Et moi aussi, » s'écria Charlot. « Ah ! ah ! ah ! Il me semble que j'y suis. Parole d'honneur, Fagin, si je ne crois pas y être ! Je me le représente comme si ça se passait sous mes yeux. Quelle bonne farce ! Ces vieilles têtes à perruques (1) faisant tout leur possible pour garder leur sérieux, et Jacques Dawkins ne se gênant pas plus pour leur dire sa façon de penser que s'il était leur camarade, et leur parlant avec autant d'aisance que le ferait le fils du président lui-même, après un bon repas, ah! ah! ah! »

Le fait est que le Juif avait si bien réussi à exciter la belle humeur de son jeune élève, que maître Bates qui avait d'abord considéré l'emprisonnement de son ami comme un malheur, et le Matois lui-même comme une victime, regardait maintenant cet illustre jeune homme comme le principal acteur d'une scène comique, et il lui tardait de voir arriver le moment où son jeune ami aurait une occasion si favorable de déployer ses talens.

« Il faudrait aviser aux moyens d'avoir de ses nouvelles aujourd'hui, d'une manière ou d'autre, » dit Fagin. « Voyons un peu ! »

« Si j'y allais ? » demanda Charlot.

---

(1) Les juges, ainsi que tous les membres du barreau en Angleterre, portent à l'audience des perruques à marteau.
(*Note du traducteur.*)

« Ne t'avise pas de cela ! » reprit le juif. « Es-tu fou, mon cher ! En vérité il faut que tu sois archi-fou pour penser à t'aller fourrer dans la gueule du loup !... Non, non, mon cher ; c'est assez pour moi d'en avoir perdu un, sans encore m'exposer à perdre l'autre. C'est même déjà trop pour cette fois. »

« Vous ne voulez pas y aller vous-même, je pense ? » dit Charlot d'un ton goguenard.

« Cela ne m'irait pas du tout, » reprit Fagin en secouant la tête.

« Alors, pourquoi n'envoyez-vous pas ce nouveau recru ? » demanda maître Bates, posant sa main sur le bras de Noé. « Personne ne le connaît. »

« S'il veut bien y aller, je ne demande pas mieux, » observa Fagin.

« Pourquoi ne voudrait-il pas ? » répliqua Charlot.

« Je ne sais pas, mon cher, » dit Fagin, se tournant vers Bolter. « Je ne sais réellement pas. »

« Oh, que si vous savez bien ! » observa Noé faisant quelques pas rétrogrades vers la porte. « Que si, que si, vous savez bien ! » ajouta-t-il en branlant la tête, un tant soit peu alarmé de la proposition de Charlot. « Pas de ça, Lisette! ça n'entre pas dans mon département ce genre de *besogne-là*. Vous ne l'ignorez pas, d'ailleurs! »

« Pour quel genre de *travail* l'avez-vous donc embauché, Fagin? » demanda maître Bates, toisant Noé de la tête aux pieds avec un air de dédain, « pour jouer des jambes quand il y aura quelque chose de *louche*, et pour *tortiller* (1), à lui seul, tout ce qu'il y aura sur la table quand tout ira bien, sans doute? »

« Ceci ne vous regarde pas, mon jeune homme, » répliqua le sieur Bolter. « Et si vous vous permettez ces libertés avec vos *supérieurs*, nous pourrons bien nous fâcher; je ne vous dis que ça! »

Maître Bates partit d'un tel éclat de rire à cette menace, que Fagin fut long-temps avant de pouvoir interposer son autorité et faire comprendre au sieur Bolter qu'il ne courait aucun risque à visiter le bureau de police, d'autant plus que, comme la petite affaire qui l'amenait à Londres n'avait pas encore transpiré dans cette ville, et que son

(1) Manger. *(Note du traducteur.)*

signalement n'y était pas encore parvenu, il était plus que probable qu'on ne le soupçonnerait pas de s'y être réfugié ; qu'en conséquence, s'il changeait de costume, il n'y avait pas plus de danger pour lui à aller au bureau de police, qu'il n'y en aurait partout ailleurs, puisque, de tous les endroits de la capitale, c'est sans contredit, celui qu'on penserait le moins qu'il dût visiter de son plein gré.

Persuadé par ces paroles de Fagin, aussi bien que par la crainte que ce dernier lui avait inspirée, le sieur Bolter consentit, d'assez mauvaise grâce, à faire cette démarche. Par le conseil du juif, il revêtit un costume de charretier : la blouse, la culotte de velours, les guêtres de cuir, tout lui fut apporté par l'officieux vieillard qui avait ces objets sous la main. Coiffé de l'indispensable bonnet de pinson, dans le cordon duquel étaient passés plusieurs petits papiers, et un fouet à la main, il devait entrer au bureau de police, comme le ferait un maraîcher quittant pour quelques instans *Covent-Graden* (1), dans le but de satisfaire

(1) Marché de Londres. (*Note du traducteur.*)

sa curiosité; et comme il était naturellement gauche, Fagin eut la certitude qu'il remplirait parfaitement son rôle.

Lorsque tous ces arrangemens furent pris, on lui fit le portrait du Matois, de manière à ce qu'il pût facilement le reconnaître; et Charlot l'ayant accompagné jusqu'à l'entrée de la rue dans laquelle se trouvait le bureau de police, lui promit de l'attendre au même endroit.

Noé Claypole, ou plutôt Maurice Bolter (comme il plaira au lecteur de l'appeler), suivant la direction que lui avait donnée Charlot Bates qui avait lui-même une connaissance exacte des lieux, arriva sans obstacle, dans le sanctuaire de la justice. Il se trouva porté de lui-même par la foule (composée de femmes, en grande partie), dans une salle de chétive apparence, à l'extrémité gauche de laquelle, sur une estrade entourée d'une rampe de fer, était le banc des prisonniers adossé au mur. Venait ensuite celui des témoins et, à droite, était placé le bureau des magistrats, caché entièrement aux yeux du vulgaire, par une cloison en planches, laissant aux spectateurs à deviner, s'ils pouvaient, la majesté de la justice.

Il n'y avait en ce moment, au banc des prévenus, que deux femmes faisant des signes de tête à quelques personnes de leurs amies mêlées parmi les spectateurs, tandis que le greffier lisait une déposition à deux ou trois officiers de police et à un homme assez mesquinement vêtu, soutenant sa tête d'une main, et ayant les deux coudes appuyés sur la table. Le geôlier, debout près de la balustrade qui entourait le banc des accusés, se donnait de petits coups sur le bout du nez, avec une des grosses clés de l'énorme trousseau qu'il tenait à la main, se retournant de temps à autre pour imposer silence aux oisifs que la curiosité avait amenés dans ce lieu, ou pour faire signe de sortir, à la femme dont l'enfant malingre poussant de faibles cris à moitié étouffés dans le châle de la mère, aurait pu troubler la gravité des juges et interrompre le cours de la justice. La salle d'audience sentait un goût de renfermé, et les murailles ainsi que le plafond en étaient noircis par la fumée. Il y avait sur le manteau de cheminée un vieux buste couvert de crasse et de poussière, et au-dessus du banc des prévenues était une antique pendule, la seule chose, dans cette enceinte, qui semblât marcher comme elle le devait ; car la dépravation ou la pauvreté ou, peut-être bien, des rapports continuels avec l'une et l'autre avaient donné aux habitués de ces lieux une teinte aussi désagréable que l'épaisse crasse dont les objets étaient couverts.

Noé chercha des yeux le Matois ; mais quoi qu'il vît plusieurs femmes qui auraient bien pu passer, les unes pour la mère, les autres pour les sœurs de cet estimable jeune homme, et que, parmi les hommes qui parurent au banc des prévenus, il y en eût plus d'un qui lui ressemblât assez pour qu'on le prît pour son frère ou pour son père, il n'aperçut pourtant parmi les jeunes gens de son âge, personne qui répondît au signalement qu'on lui avait donné. Il attendit quelques instans avec impatience, et le sort des deux femmes ayant été décidé, elles furent emmenées hors de la salle, et presque aussitôt remplacées par un jeune prisonnier qu'il reconnut aussitôt pour Jacques Dawkins.

C'était en effet le Matois qui, les manches retroussées comme de coutume, la main gauche dans son gousset et, de l'autre, tenant son chapeau, entra délibérément suivi du geolier. Ayant pris place au banc des accusés, il demanda d'un ton semi-sérieux et semi-comique, la raison pour laquelle on le traitait d'une manière aussi indigne.

« Silence! » cria le geôlier.

« Je suis Anglais, n'est-ce pas? » dit le Matois. « Où sont mes priviléges? »

« Vous les aurez assez tôt, vos priviléges; et ils seront *poivrés*, que je dis! » reprit le geolier.

« Nous verrons un peu ce que l'ministre de l'intérieur aura à dire aux *becs*, si on me r'tire mes priviléges, » répliqua Jacques Dawkins. « Maintenant, voulez-vous bien m'faire le plaisir de m'expliquer de quoi qu'il en r'tourne? J'vous s'rai obligé, » poursuivit-il, s'adressant aux magistrats, « de terminer cette petite affaire au plus vite, et de ne pas m'tenir là en suspens, au lieu d'vous amuser à lire le journal; car j'ai rendez-vous avec un monsieur, dans la Cité, et comme il sait que je suis très-exact, pour ce qui est des *affaires*, et que je n'ai jamais manqué à ma parole, il s'en ira, d'abord, je vous préviens, si je n'arrive pas à l'heure dite. Avec ça qu'je ne r'clamerai point des dommages et intérêts contre ceux qui m'auront fait perdre mon temps; non, s'cusez! du plus souvent! »

Ayant dit ces paroles avec une volubilité extraordinaire, il pria le geôlier de lui faire connaître les noms de ces *deux vieux rococos* (désignant les magistrats) qui étaient assis au comptoir : ce qui excita tellement l'hilarité des spectateurs qu'ils rirent d'aussi bon cœur que l'eût fait maître Bates lui-même, s'il se fût trouvé là.

« Silence! » cria le geôlier.

« De quoi s'agit-il? » demanda l'un des juges.

« Il s'agit d'un vol, monsieur le président, » répondit le geôlier.

« Ce garçon a-t-il déjà comparu ici? »

« Il n'a pas comparu devant ce tribunal, monsieur le président, » repliqua le geôlier,

« quoiqu'il l'ait mérité plus d'une fois; mais je réponds qu'il a été *plus d'une fois* autre part. Je le connais de long-temps. »

« Ah! vous me connaissez! » dit le Matois, prenant note de la déclaration du geôlier. « C'est bon à savoir. J'me rappellerai de ça! Ce n'est rien autre chose qu'une diffamation; rien qu'ça, s'cusez! »

Ces paroles furent suivies de nouveaux éclats de rire parmi la foule, et d'un autre « *Silence!* » de la part du geôlier.

« Où sont les témoins? » demanda le greffier.

« C'est juste, au fait! » reprit le Matois. « Où sont-ils? je serais bien curieux de les connaître. »

Il fut bientôt satisfait sur ce point; car un *policeman* s'étant avancé, déclara qu'il avait vu, dans la foule, le prisonnier introduire sa main dans la poche d'un inconnu et en retirer un mouchoir qu'il examina attentivement, et que ne l'ayant pas trouvé sans doute assez bon pour lui, il le remit de la même manière, après s'être mouché avec; qu'en conséquence il l'avait arrêté pour ce fait, et qu'ayant été fouillé au *violon*, on avait trouvé sur lui une tabatière d'argent, sur le couvercle de laquelle était gravée le nom du monsieur à qui elle appartenait et qui était même présent à l'audience.

Ce monsieur, dont on avait découvert la demeure au moyen de l'Almanach du commerce, jura que la tabatière était réellement à lui, et qu'il l'avait perdue la veille, au moment où il se dégageait de la foule. Il ajouta qu'il avait remarqué un jeune homme empressé à se frayer un chemin à travers la presse, et que ce jeune homme était bien le prisonnier qu'il voyait devant lui.

« Avez vous quelque question à faire au témoin ici présent, jeune homme? » dit le magistrat.

« Je n'voudrais pas m'abaisser à tenir conversation avec lui, » répondit le Matois.

« Avez-vous quelque chose à dire pour votre défense? »

« N'entendez-vous pas M. le président qui vous demande si vous avez quelque chose à dire pour votre défense? » dit le geôlier donnant un coup de coude au Matois qui s'obstinait à garder le silence.

« J'vous demande bien pardon, » dit celui-ci, levant la tête d'un air distrait et s'adressant au magistrat. « Est-ce à moi qu'vous parliez, mon vieux ? »

« Je n'ai jamais vu un petit vagabond aussi effronté que celui-là, monsieur le président ! » observa le geôlier. « N'avez-vous rien à dire, vous, petit filou ? »

« Non, pas ici, » répliqua le Matois, « car ce n'est pas ici la *boutique* à la justice. D'ailleurs mon défenseur est maintenant à déjeûner avec le vice-président de la chambre des communes ; mais j'aurai quelque chose à dire autre part, et lui aussi, ainsi que mes amis qui sont en grand nombre et très-respectables. Nous n'aurons pas not' langue dans not' poche, croyez-le bien ! Et vaudrait mieux pour ces *becs* qu'ils n'fussent jamais v'nus au monde, ou qu' leurs domestiques les eussent pendus ce matin à leurs porte-manteaux, plutôt que de les laisser venir ici, pour une pareille corvée. Je..... »

« Reconduisez-le en prison ! » cria le greffier. « Il sera jugé aux prochaines assises. »

« Allons ! » dit le geôlier.

« Me v'là ! » reprit le Matois, brossant son chapeau avec la paume de sa main. « Ah ! » poursuivit-il, s'adressant aux magistrats, « ça n' vous sert de rien de paraître effrayés, allez ! J' n'aurai pas pitié d' vous pour un liard, soyez-en sûrs !... C' n'est pas mon intention d' vous ménager, prenez garde de l' perdre !... Il vous en cuira pour ça, mes camarades, soyez tranquilles !... Je r'fuserais maintenant ma liberté, voyez-vous bien, quand même vous vous mettriez à mes genoux pour me la faire accepter !.... Allons, vous ! » dit-il au geôlier, « r'conduisez-moi en prison ; j' suis prêt à vous suivre ! »

Ayant dit cela, le Matois se laissa prendre au collet et suivit ou plutôt marcha côte à côte avec le geôlier, ne cessant de menacer les juges, jusqu'à ce qu'il fût hors de la salle ; ensuite il tira la langue à son gardien, avec un air de satisfaction intérieure, et se retrouva de nouveau sous les verroux. Après que le Matois eut quitté la salle, Noé s'en retourna du mieux qu'il put, à l'endroit où il avait laissé maître Bates. Ayant attendu là, quelque temps, il vit enfin paraître ce jeune homme qui avait jugé prudent de ne pas se montrer, jusqu'à ce que, d'une petite retraite où il s'était caché, il se fût assuré que son nouvel ami n'avait été suivi par personne.

Ils se hâtèrent donc d'apporter à Fagin l'heureuse nouvelle que le Matois faisait honneur aux *principes* qu'il avait reçus et qu'il travaillait à s'établir une glorieuse réputation.

# CHAPITRE III.

LE TEMPS EST ARRIVÉ POUR NANCY DE TENIR SA PROMESSE ENVERS ROSE. — ELLE Y MANQUE — NOÉ CLAYPOLE EST EMPLOYÉ PAR FAGIN POUR UNE MISSION SECRÈTE.

Quelque savante que fût Nancy dans l'art de la ruse et de la dissimulation, elle ne put cacher entièrement l'effet que produisait sur son esprit le souvenir de la démarche qu'elle avait entreprise. Elle se rappela que l'artificieux Fagin et le brutal Sikes lui avaient confié des projets qu'ils avaient tenus soigneusement cachés à tous les autres, persuadés qu'ils étaient qu'elle méritait toute leur confiance et qu'elle devait être à l'abri de leurs soupçons; et, bien que ces projets fussent aussi vils que ceux qui les formaient, et qu'elle ne pût réprimer son ressentiment contre le juif, qui l'avait conduite pas à pas dans un abîme de crimes et de misère dont elle ne pouvait plus sortir, cependant elle se reprochait par instans d'avoir fait à Rose Maylie une révélation dont les suites pouvaient être funestes au vieillard; et elle craignait qu'enfin, par sa faute à elle, la justice vengeresse à laquelle il avait échappé jusqu'alors, ne s'appesantît sur lui et qu'il ne tombât sous ses coups.

Mais ceci n'était que l'égarement d'un cœur pusillanime qui ne pouvait se détacher entièrement de ses compagnons, quoiqu'il fût capable pourtant de se fixer sur un seul objet, sans qu'aucune considération humaine pût l'en détourner. Ses craintes, quant à la sûreté de Sikes, eussent été un motif assez puissant pour la retenir, tandis qu'il en était encore temps; mais elle avait exigé le plus grand secret. Il ne lui était d'ailleurs échappé aucune parole qui dût faire découvrir sa demeure. Elle avait même, à cause de lui, refusé un refuge contre le crime et la misère qui l'environnaient : que pouvait-elle faire de plus? Son parti était pris; il n'y avait plus à reculer.

Quoique chaque combat intérieur terminât par cette réflexion, elle n'en éprouvait pas moins sa funeste influence : en peu de jours elle maigrit et pâlit à vue d'œil. Tantôt elle ne faisait point attention à ce qui se passait autour d'elle, ou ne prenait aucune part aux entretiens où jadis elle élevait la voix plus haut que les autres; tantôt elle faisait beaucoup de bruit et riait sans sujet; puis, tout-à-coup, la tristesse et le découragement s'emparaient d'elle, et elle s'asseyait en silence, sa tête dans ses deux mains, tandis que l'effort même qu'elle faisait pour sortir de cet état de stupeur, indiquait assez qu'elle était mal à son aise et que son esprit n'était point du tout à la conversation de ses amis.

On était au dimanche soir : l'horloge de l'église voisine annonça l'heure. Fagin et Sikes, qui causaient ensemble, se turent un instant pour écouter. — Nancy leva la tête et prêta une oreille attentive.

« Onze heures, » dit Sikes, se levant de sa chaise et écartant le rideau de la fenêtre pour regarder dans la rue. « Il fait noir comme dans un four. Un fameux temps pour *les affaires!* »

« Ah! » reprit le juif, « n'est-ce pas dommage, hein, Guillaume, qu'il n'y ait rien de prêt pour cette nuit? »

« Vous avez raison, cette fois, » répartit brusquement Sikes. « C'est d'autant plus dommage que je me sens tout-à-fait en train, ce soir. »

Le juif poussa un soupir et secoua tristement la tête.

« Aussi, à la première occasion qui se présentera, faudra prendre la balle au bond, et réparer le temps perdu, il n'y a pas à dire, » continua Sikes.

« Voilà ce qui s'appelle parler! » dit le juif, lui donnant un petit coup sur l'épaule. « J'aime à vous entendre parler ainsi, Guillaume. »

« Vraiment! » reprit Sikes, « ça m' fait plaisir! »

« Ha! ha! ha! » fit le juif, encouragé par cette remarque. « Vous êtes dans votre assiette, ce soir, Guillaume! Vous êtes tout-à-fait dans votre assiette! »

« Je ne suis pas dans mon assiette quand vous posez vos griffes sur mon épaule, » dit Sikes, repoussant la main du juif. « Ainsi, à bas les pattes! »

« Cela vous donne une souleur, comme si on vous *pinçait*, n'est-ce pas, Guillaume ? » dit le juif, jugeant prudent de ne pas se fâcher.

« Comme si j'étais *pincé* par le diable ! » reprit Sikes. « Non pas par *la rousse* (1). Il n'y a jamais eu votre semblable sur la terre. Non, il n'y a jamais eu une *balle* (2) comme la vôtre ;... à moins pourtant que ce ne soit celle de votre père, et je suppose alors que là où il est maintenant il voit le feu d'assez près pour que sa vieille barbe rouge soit roussie depuis long-temps. Mais peut-être bien seulement que vous n'avez jamais eu de père, et que vous venez tout droit du vieux Satan, sans qu'il y ait d'autre génération entre vous et lui, ce qui ne me surprendrait nullement. »

Fagin ne répondit rien à ce compliment flatteur ; mais tirant Sikes par la manche, il lui montra du doigt Nancy qui, ayant profité du moment où ils étaient à causer pour mettre son chapeau, se disposait à sortir.

(1) Police. — (2) Tête.     (*Notes du traducteur.*)

« Eh bien ! Nancy ! » cria Sikes, « que diable fais-tu donc là ? Où as-tu l'intention d'aller, à l'heure qu'il est ? »

« Pas bien loin. »

« Est-ce que c'est une réponse, çà, *pas bien loin !* » reprit Sikes. « Où vas-tu ? »

« Pas loin, te dis-je. »

« Mais encore ! veux-tu répondre ? » demanda Sikes, qui commençait à s'échauffer. « Je te demande où tu vas ? »

« Je ne sais pas, » répondit la fille.

« Eh bien donc, » dit Sikes, plutôt par esprit de contradtction que parce qu'il n'avait aucune raison pour l'empêcher de sortir, « assieds-toi, et ne bouge pas de là ! »

« Je ne me porte pas bien ; je te l'ai déjà dit, » observa Nancy. « J'ai besoin de prendre l'air. »

« Passe ta tête par la fenêtre, et prends-en à discrétion, » reprit Sikes.

« Il n'y en a pas assez là, » répartit la fille. « J'ai besoin de prendre l'air dans la rue. »

« Tu n'iras pas dans la rue ! » répliqua Sikes. Disant cela, il alla fermer la porte, mit la clé dans sa poche, et arrachant le chapeau de dessus la tête de Nancy, il le jeta sur le haut d'une vieille armoire. « Maintenant, » ajouta le brigand, « je te dis encore une fois de t'asseoir et de rester tranquille ! tu m'entends ?

« Ce n'est pas un chapeau qui m'empêcherait de sortir, » dit la fille en pâlissant. « Que signifie cela, Guillaume ? Sais-tu ce que tu fais ? »

« C'est un peu fort ! » s'cria Sikes, se tournant vers Fagin. « Il faut qu'elle ait perdu l'esprit, sans quoi elle n'oserait pas me parler ainsi.

« Tu me feras faire un coup de tête ! » murmura Nancy, mettant ses deux mains sur sa poitrine, comme pour retenir un cri qui allait lui échapper. « Laisse-moi sortir, je te dis ! — Tout de suite !... à l'instant même ! »

« Non ! » s'écria Sikes.

« Dites-lui qu'il ferait mieux de me laisser sortir, Fagin ! — Il ferait beaucoup mieux... M'entends-tu ? » cria Nancy, frappant du pied sur le plancher.

« Si je t'entends ! » reprit Sikes, se retournant brusquement pour la regarder en face. « Je ne t'ai déjà que trop entendue ! Si tu dis encore un seul mot, j' te fais étrangler par mon chien ; ça fait qu'tu crieras pour quelque chose. Qu'est-ce qui lui prend à cette *carogne*-là ; a-t-on jamais vu ! »

« Laisse-moi sortir, » dit Nancy, d'un ton suppliant. « Laisse-moi sortir, Guillaume, je t'en prie ! » ajouta-t-elle en s'asseyant par terre, près de la porte. « Tu ne sais pas ce que tu fais. Non, tu ne le sais pas..... Seulement une heure, dis ; je t'en supplie ! »

« Que le diable m'emporte, si cette fille n'est pas devenue folle ! » s'écria Sikes, l'empoignant par le bras. « Allons, lève-toi ! »

« Non ! non ! » cria Nancy, « je ne me lèverai pas, à moins que tu ne me laisses sortir ! »

Sikes l'examina quelque temps en silence, et profitant du moment où elle ne faisait plus de résistance, il lui mit les mains derrière le dos et l'entraîna avec beaucoup de peine dans la chambre voisine, où, l'ayant assise de force sur une chaise, il l'y tint en respect. Elle se débattit et elle supplia tour à tour, jusqu'à ce qu'elle eût entendu l'horloge sonner minuit. Alors, épuisée de fatigue et hors d'haleine, elle garda le silence, et parut se résigner. Sikes, ayant débité une kyrielle de juremens, pour lui ôter l'envie de sortir, la laissa seule se remettre à loisir, et revint trouver le juif.

« A-t-on jamais vu ! » dit-il, en essuyant son visage couvert de sueur. « Est-elle étonnante, cette fille, avec ses volontés ! »

« C'est vrai, » dit le juif d'un air pensif, « c'est une fille étonnante. »

« Pour quelle raison pensez-vous qu'elle voulait sortir ce soir, dites ? » demanda Sikes. « Vous devez la connaître mieux que moi. Qu'est-ce que c'est que cette idée qu'elle s'est mise dans la tête ? »

« Entêtement de femme, je pense, mon cher, » répliqua le juif, haussant les épaules.

« Peut-être bien, » gronda Sikes. « Je croyais l'avoir soumise; mais elle est pire que jamais. »

« Certainement qu'elle est pire, » reprit le juif d'un air distrait. « Je ne l'ai jamais vue s'emporter pour un rien comme aujourd'hui. »

« Ni moi non plus, » répartit Sikes. « Je crois bien qu'elle a attrapé un peu de cette coquine de fièvre qui m'a mis sur les dents. « Ça n' peut être que ça; qu'en pensez-vous ? »

« C'est possible, » répliqua le juif.

« Je me charge de lui tirer un peu de sang, si ça lui prend encore, ces lubies-là, » dit Sikes. « J'éviterai au médecin la peine de venir. »

Le juif fit un signe expressif de tête, donnant à entendre qu'il approuvait fort ce genre de traitement.

« Elle ne m'a pas quitté d'un seul instant, pendant cette diable de maladie; elle rodait nuit et jour autour de mon lit, tout le temps que j'ai été sur le dos; tandis que vous, vieux crocodille que vous êtes, vous m'avez laissé là; vous m'avez abandonné, vous vous êtes tenu à l'écart, » dit Sikes. « Nous n'avions pas le sou à la maison, et c'est probablement ce qui l'aura tourmentée. — D'avoir été enfermée si long-temps, aussi — ça peut bien lui avoir aigri le caractère, hein? »

« C'est très-probable, mon cher, » dit le juif à voix basse. « Chut! la voici! »

A peine avait-il dit ces mots, que Nancy reparut dans la chambre, et revint s'asseoir à sa place. Elle avait dû pleurer, car ses yeux étaient rouges et gonflés. Elle s'agita d'abord sur sa chaise, et, un instant après, elle partit d'un éclat de rire.

« La voilà qui rit maintenant! » s'écria Sikes, se tournant d'un air surpris vers son compagnon.

Le juif lui fit signe de n'y pas faire attention, et Nancy devint bientôt plus calme. Ayant dit tout bas à Sikes qu'il n'y avait pas à craindre maintenant qu'elle retombât, et qu'il pensait bien que c'était fini, Fagin prit son chapeau et souhaita le bon soir à ses deux amis. Arrivé près de la porte, il s'arrêta et, jetant un regard autour de lui, il demanda si quelqu'un ne voulait pas l'éclairer pour descendre.

« Éclaire-le, Nancy, » dit Sikes, bourrant sa pipe. « Ce serait dommage s'il venait à s'casser l'cou; il priverait les assistans du plaisir de le voir pendre. »

Nancy prit la chandelle et accompagna le vieillard jusqu'au bas de l'escalier. Lorsqu'ils eurent atteint le passage d'entrée, le juif posant son doigt sur ses lèvres, dit tout bas à l'oreille de la jeune fille.

« Qu'y a-t-il donc, Nancy, hein, ma chère ? »

« Que voulez-vous dire ? » reprit celle-ci sur le même ton.

« Quelle est la cause de tout ceci ? » demanda Fagin. « Si ce gros brutal se conduit indignement envers toi, » ajouta-t-il en montant du doigt l'étage supérieur, « pourquoi ne pas... ? »

« Quoi donc ? » dit-celle ci, voyant que Fagin n'achevait point sa phrase, et qu'il la regardait attentivement.

« N'importe ! » reprit celui-ci. « Nous reparlerons de cela une autre fois. Tu as en moi un ami, Nancy, un véritable ami. J'ai les moyens de faire bien des choses ! Quand tu voudras te venger de celui qui te traite comme un chien, quand je dis comme un chien, pire qu'un chien, car il flatte le sien quelquefois ; viens me trouver, entends-tu, Nancy : ce n'est qu'un oiseau de passage, *lui;* tandis que moi, Nancy, tu me connais depuis long-temps...., depuis bien long-temps. »

« Je vous connais bien, » dit la fille, sans faire paraître la moindre émotion. Bon soir ! »

Comme Fagin lui tendait la main, elle retira bien vite la sienne et recula involontairement. Lui ayant de nouveau souhaité le bon soir, d'une voix ferme, elle répondit à son regard par un signe d'intelligence, et ferma la porte derrière lui.

Tout en regagnant sa demeure, Fagin donna un libre cours aux pensées qui occupaient son esprit. Depuis quelque temps il avait conçu l'idée que Nancy, lassée de la brutalité du brigand, en aimait un autre. Ses manières qui n'étaient plus les mêmes, ses absences fréquentes de la maison, son indifférence marquée, quant aux intérêts de la bande pour lesquels elle avait jadis montré tant de zèle, et, qui plus est, cette impatience de sortir à une heure aussi indue, toutes ces choses venaient à l'appui des soupçons du vieillard. L'objet de cette nouvelle affection n'était point parmi ses myrmidons à lui... Ce serait une bonne acquisition à faire, avec un tel partenaire que Nancy, pensait Fagin ; il fallait donc se les assurer tous deux au plus tôt.

Mais ce n'était pas le seul objet qu'il eût en vue. Sikes le connaissait trop bien, et ses sarcasmes grossiers n'en étaient pas moins sentis par le juif, bien que ce dernier sût cacher son dépit..... Nancy devait savoir que, si elle se débarrassait du brigand, en faveur d'un autre, elle ne serait jamais à l'abri de sa fureur, et qu'il en coûterait à son nouvel amant, sinon la vie, du moins la perte d'un bras ou d'une jambe.....

Avec un peu de persuasion, pensait Fagin, quel motif plus puissant pourrait déterminer cette fille à empoisonner Sikes ?... D'autres l'ont fait avant elle, et ont même fait pis pour leurs amans.... Je serais donc débarrassé de cet homme dangereux que je hais à la mort,... un autre le remplacerait et, avec la connaissance de ce crime, mon pouvoir sur la fille serait illimité.

Fagin avait pensé à tout cela, pendant les quelques instans qu'il s'était trouvé seul dans la chambre du brigand, et, plein de ces pensées, il avait saisi l'occasion, comme nous l'avons vu, de sonder la fille, par les quelques mots qu'il lui adressa en la quittant. Celle-ci le comprit parfaitement : le coup d'œil qu'elle lui lança en signe d'adieu le prouvait assez.

Mais peut-être qu'elle refusera d'attenter à la vie de Sikes, et c'est pourtant là le point le plus essentiel...... « Comment faire alors pour acquérir plus d'influence sur elle ? pensait le juif; de quelle manière pourrai-je accroître mon pouvoir ?

De tels cerveaux sont fertiles en expédiens. Si, sans arracher un aveu de la bouche de Nancy, il la faisait suivre, qu'il découvrît l'objet de sa nouvelle passion et qu'il la menaçât de tout révéler à Sikes qu'elle craignait tant, ne la soumettrait-il pas de cette manière? Ne pourrait-il pas exiger d'elle ensuite tout ce qu'il voudrait ?

« Oui, certainement! » dit tout haut Fagin, ravi d'avoir trouvé ce moyen; « elle n'osera pas me refuser alors..... pas pour tout au monde! je lui ferai faire tout ce que je voudrai..... Les moyens sont tout prêts, et je ne tarderai pas à les employer. Ah! je vous tiens enfin, ma jeune fille! »

Il tourna la tête et jeta un regard affreux accompagné d'un geste menaçant, vers l'endroit où il avait laissé le brigand, et tout en marchant, il crispait ses mains osseuses dans les plis de sa vieille redingote qu'il tordait, comme si, à chaque mouvement qu'il faisait, il eût écrasé un ennemi dangereux.

Il se leva de bonne heure le lendemain et attendit avec impatience l'arrivée de son nouveau compagnon qui, après un certain laps de temps, se présenta enfin et commença par attaquer furieusement les vivres.

« Bolter! » dit le juif, prenant une chaise et s'assayant en face de Noé.

« Eh bien! me voilà! Qu'est-ce que vous me voulez? » reprit celui-ci; « ne me donnez rien à faire avant que j'aie fini de déjeûner; c'est assez l'habitude dans cette maison : on n'a jamais le temps de manger! »

« Vous pouvez parler en mangeant, n'est-ce pas? » dit Fagin, maudissant au fond du cœur la voracité de son jeune ami.

« Oh! sans doute! je n'en mange que

mieux quand je parle, » reprit Noé, coupant une énorme tranche de pain. « Où est Charlotte? »

« Elle est sortie, » dit Fagin, « je l'ai envoyée dehors, ce matin, avec l'autre jeune fille, parce que j'avais besoin d'être seul avec vous. »

« Vous auriez dû lui dire de me faire des rôties au beurre auparavant, » repartit Noé. « Eh bien, parlez toujours, vous ne m'interromprez pas. »

Il n'y avait pas de danger que quoique ce fût, pût l'interrompre; car il s'était attablé avec la ferme intention d'*abattre de la besogne*, et il y allait en effet de si bon cœur, qu'il faisait sauter les miettes par-dessus sa tête.

« Vous avez joliment *travaillé* hier, savez-vous bien! » dit le juif, « six schellings neuf *pences* et demie, diantre! Le *vol* aux *moutards* fera votre fortune, mon cher! »

« N'oubliez pas d'ajouter trois pintes à bière et une mesure à lait, » dit le sieur Bolter.

« Non, certainement, mon cher! » reprit le juif, « l'escamotage des trois pots d'étain est sans doute quelque chose de très-adroit; mais celui de la boîte à lait est tout-à-fait un chef-d'œuvre. »

« Pas mal, je dis, pour un débutant ! » répartit le sieur Bolter, avec un air de complaisance, « j'ai décroché les pintes d'une grille en fer, devant une maison bourgeoise, et comme la boîte à lait était sur le seuil d'une porte, en dehors d'un cabaret, je l'ai ramassée de crainte qu'elle ne se rouillât ou qu'elle n'attrapât un rhume; c'est trop juste, n'est-ce pas? ha ! ha! ha! »

Le juif affecta de rire aux éclats, et M. Bolter ayant fait de même, mordit à belles dents dans sa première tranche de pain et de beurre; et à peine l'eut-il expédiée, qu'il s'en coupa une seconde.

« J'ai besoin de vous, Bolter, » dit Fagin s'accoudant sur la table, « pour un coup de main qui exige beaucoup de prudence. »

« Dites-donc ! » reprit Bolter. « N'allez pas m'exposer à quelque danger ou m'envoyer encore dans un bureau de police! Je vous préviens que ça ne me convient pas du tout!.... Ça ne peut vraiment pas m'aller ! »

« Il n'y a pas le moindre danger à courir,

mon cher, » repartit le juif. « Pas le moindre, mon cher ! Il s'agit seulement de suivre une femme et d'épier ses actions. »

« Une vieille femme ? » demanda le sieur Bolter.

« Non ; une jeune femme, » répliqua Fagin.

« Je puis faire cela à merveille, » dit le sieur Bolter. « A l'école j'étais un fameux rapporteur, allez ! — Pourquoi faut-il que je la suive ?... Ce n'est pas pour.... »

« Non, » interrompit Fagin. « Il n'y a rien autre chose à faire qu'à me dire où elle va, qui elle voit et, s'il est possible, ce qu'elle fait; se rappeler le nom de la rue, si c'est une rue, ou bien de la maison, si c'est une maison, et me donner enfin, tous les renseignemens que vous pourrez vous-même recueillir. »

« Que me donnerez-vous pour cela ? » demanda Noé posant sa tasse sur la table et regardant fixement le juif.

« Je vous donnerai une livre sterling, mon cher, » répondit Fagin, désirant l'intéresser autant que possible dans la recherche. « Et c'est ce que je n'ai jamais donné jusqu'alors, pour une corvée de ce genre dont je ne tire moi-même aucun profit. »

« Qui est cette femme? » demanda Noé.

« Une des nôtres, » répondit le juif.

« Je vois ce que c'est! s'écria Bolter, en fronçant le nez : » vous avez des soupçons sur elle, n'est-ce pas ? »

« Elle a fait de nouvelles connaissances, mon cher, » répliqua le juif; « et il faut que je sache ce qu'elles sont. »

« Je devine, » reprit Noé. « Seulement pour avoir le plaisir de les connaître, afin de savoir si ce sont des gens respectables, hein ?.. ha! ha! ha! Je suis votre homme. »

« Je savais bien que vous ne demanderiez pas mieux, » s'écria Fagin enchanté du succès de sa proposition.

« Il n'y a pas de doute à cela, » répartit Noé. « Où est-elle? où et quand devrai-je la suivre? »

« Je vous dirai tout cela, mon cher.... Je vous la ferai connaître, quand il sera temps, » dit Fagin. « Ayez soin de vous tenir prêt ; le reste me regarde. »

Ce soir-là, le lendemain et le jour suivant, l'espion botté et accoutré de ses habits de charretier, se tint prêt à partir au signal de Fagin. Six nuits se passèrent ainsi; six mortelles nuits à chacune desquelles le juif rentra désappointé, donnant à entendre en peu de mots qu'il n'était pas encore temps. Le soir du septième jour, il rentra plus tôt que les jours précédens et un air de satisfaction brillait sur son visage : c'était un dimanche.

« Elle sort ce soir, » dit Fagin. « Et c'est pour aller voir ses nouvelles connaissances, j'en suis sûr ; car elle a été seule toute la journée, et celui qu'elle redoute ne reviendra guère avant le jour. Partons vite, il est temps ! »

Noé se leva sans dire un seul mot ; car l'extrême joie que ressentait le juif s'était communiquée à lui. Ils sortirent à la dérobée et ayant traversé un labyrinthe de rues, ils arrivèrent enfin devant un cabaret que Noé reconnut pour celui où il avait passé la nuit à son arrivée à Londres.

Il était onze heures et un quart et la porte en était fermée. Elle tourna doucement sur ses gonds à un léger sifflement que fit le juif, et se referma de la même manière quand ils furent entrés.

Osant à peine chuchoter, mais substituant les gestes aux paroles, Fagin et le jeune juif qui leur avait ouvert, montrèrent à Noé le carreau de verre et lui firent signe de monter, pour voir la personne qui était dans la salle voisine.

« Est-ce là la femme en question ? » demanda celui-ci à voix basse.

Le juif fit un signe de tête afirmatif.

« Je ne puis pas bien voir son visage, » reprit Noé. « Elle a la tête baissée et la lumière se trouve derrière elle. »

« Attendez un instant ! » dit Fagin, faisant signe à Barney de se retirer. En moins de rien celui-ci entra dans la salle et, sous le prétexte de moucher la chandelle, il la changea de place, puis il adressa la parole à la fille qui leva la tête pour lui répondre.

« Je la vois maintenant ! » dit tout bas l'espion.

« La voyez-vous bien ? » demanda le juif.

« Je la reconnaîtrais entre mille autres. »

Il descendit bien vite, comme la porte s'ouvrit, et Fagin l'attirant vers un petit recoin caché par un rideau, ils retinrent leur haleine, tandis que la jeune fille passa près d'eux et qu'elle sortit par la porte que Barney venait de leur ouvrir quelques instans auparavant.

« Psit! » fit Barney qui tenait la porte entr'ouverte.

L'espion échangea un coup d'œil avec Fagin et partit comme un trait.

« Prenez à gauche! » lui dit Barney. « Et marchez sur le trottoir opposé! »

Noé suivit le conseil du jeune homme, et, à la lueur du gaz, il vit l'ombre de Nancy se projeter sur le mur, à quelque distance. Il la suivit d'aussi près qu'il jugea prudent, marchant sur le trottoir opposé, pour être à même de mieux épier ses mouvemens. Celle-ci regarda deux ou trois fois autour d'elle, d'un air craintif et s'arrêta un instant pour laisser passer deux hommes qui étaient presque sur ses talons; mais elle sembla reprendre courage à mesure qu'elle avançait, et elle marcha d'un pas ferme et plus assuré. L'espion conserva une égale distance à peu près entre elle et les deux hommes; et il ne la perdit pas de vue un seul instant.

# CHAPITRE IV.

### NANCY EST EXACTE AU RENDEZ-VOUS.

Onze heures trois quarts sonnaient à l'horloge de plusieurs églises, quand deux personnes parurent à l'entrée du pont de Londres. La première, qui était une femme, s'avançait d'un pas vif et léger regardant avidement autour d'elle comme si elle cherchait quelqu'un ; l'autre, qui était un homme, suivait à quelque distance dans l'ombre, et réglait son pas sur celui de la femme, s'arrêtant lorsqu'elle s'arrêtait et se glissant de nouveau à la dérobée le long du parapet, quand elle repartait ; s'oubliant parfois, dans l'ardeur qu'il mettait à la poursuivre, jusqu'à se trouver près d'elle. Ils avaient ainsi parcouru le pont dans toute sa longueur puis de la rive du Middlesex jusqu'à celle de Surrey (1), lorsque la femme, frustrée sans doute dans son attente, se retourna tout-à-coup. Le mouvement fut prompt; mais l'homme qui la guettait ne fut pas pris pour cela au dépourvu, car, se retirant dans une de ces petites rotondes découvertes qui surmontent les piles du pont, et se penchant sur le parapet, de manière à cacher son visage, il la laissa passer sur le trottoir opposé ; puis quand elle eut fait quelques pas, il se mit de nouveau à la piste. Vers le milieu du pont elle s'arrêta, et l'homme en fit autant.

Il faisait une nuit sombre; le ciel avait été couvert toute la journée et, à cette heure, dans ce lieu surtout, il n'y avait pas beaucoup de monde. Les quelques personnes qui s'y trouvaient, passaient rapidement leur chemin, sinon sans apercevoir, du moins sans remarquer la femme ni l'homme qui la suivait. Leur présence, en cet endroit, n'avait rien en soi qui dût attirer les regards importuns des pauvres diables qui se trouvaient, cette nuit-là, diriger leurs pas vers

(1) La Tamise sépare le comté de Middlesex de celui de Surrey. (*Note du traducteur.*)

le pont, cherchant sans doute quelque froide arcade ou quelque masure sans porte, pour se mettre à l'abri et s'y reposer. Nos deux êtres mystérieux restaient donc là en silence, sans parler à qui que ce fût, et sans que personne leur parlât.

Un brouillard épais qui couvrait la rivière, donnait une teinte blafarde à la flamme rougeâtre des fallots qui brûlaient sur les chaloupes amarrées çà et là, sur les bords du quai, et ajoutait en même temps à la tristesse des maisons qui bordaient le rivage. Les magasins de toute espèce, noircis par le temps et par la fumée, s'élevaient lourdement de chaque côté du fleuve, au milieu d'une masse confuse de toits et de pignons, et semblaient menacer l'onde, trop noire pour en réfléchir les formes gigantesques. La vieille tour de Saint-Sauveur et la flèche de Saint-Magnus, si long-temps les gardes de l'ancien pont, s'apercevaient bien dans l'obscurité; mais la forêt de mâts au-dessous du pont, et les clochers des églises du voisinage étaient presque entièrement cachés par le brouillard et par la nuit.

La jeune fille, que Noé ne perdait pas de vue, se promenait de long en large avec un air d'impatience, quand le bourdon de Saint-Paul annonça l'expiration d'un autre jour. Minuit sonnait sur la populeuse cité : le palais, la chaumière, la prison, l'hôpital des fous, la chambre du mort et celle du nouveau-né, la figure livide du cadavre et le visage calme de l'enfant qui dort, il était minuit pour tous.

Le douzième coup vibrait encore dans l'air quand une jeune demoiselle et un monsieur en cheveux blancs, descendant d'un fiacre, à quelque distance, se dirigèrent vers le pont, après avoir renvoyé le cocher. A peine avaient-ils fait quelques pas, que Nancy tressaillit et alla aussitôt à leur rencontre.

Ils marchaient comme des gens qui s'attendent peu à rencontrer la personne qu'ils cherchent, lorsqu'ils se trouvèrent face à face avec la jeune fille. Ils s'arrêtèrent en poussant un cri de surprise qu'ils réprimèrent aussitôt, car un homme, en costume de paysan, passa rapidement auprès d'eux au même instant.

« Par ici ! » dit vivement Nancy. « Je crains de vous parler en cet endroit, suivez-moi en bas de cet escalier. »

Comme elle disait ces mots, le paysan tourna la tête, et demandant brusquement pourquoi ils occupaient ainsi tout le trottoir à eux seuls, il poursuivit son chemin.

L'escalier dont parlait Nancy est celui qui, à l'extrémité du pont, sur la rive du comté de Surrey, et du même côté que l'église Saint-Sauveur, forme un débarquement pour les navires. C'est vers cet endroit que se dirigea l'espion qui, après avoir examiné attentivement les marches, descendit avec précaution.

Ces marches, qui forment une partie du pont, consistent en trois échappées ou paliers. En bas du second palier, le mur de gauche se termine par un pilastre faisant face à la Tamise. A mesure qu'on descend, les marches s'élargissent ; de sorte qu'en tournant l'encoignure de cette muraille, on ne peut être aperçu de ceux qui se trouveraient au-dessus de vous, ne fût-ce même que d'une marche. Arrivé au bas de ce second palier, le paysan jeta un regard autour de lui, et voyant qu'il n'y avait point d'autre endroit pour se cacher, et que d'ailleurs, la marée étant alors très-basse, il y avait beaucoup de place, il se rangea de côté, le dos contre le pilastre, et attendit là nos trois amis, presque sûr qu'ils ne descendraient pas plus bas, et que s'il ne pouvait entendre leur entretien, il pourrait du moins les suivre de nouveau en toute sûreté.

L'espion trouva le temps si long dans cet endroit isolé, et il était si avide de connaître le motif d'une entrevue si différente de celle à laquelle il s'attendait, qu'il pensa plus d'une fois l'occasion perdue, et qu'il se persuada qu'ils étaient restés en haut de l'escalier, ou qu'ils étaient allés autre part pour s'entretenir en secret. Il était sur le point de sortir de sa cachette et il pensait à remonter, quand il entendit un bruit de pas résonner sur la pierre, et aussitôt après les voix de plusieurs personnes frappèrent son oreille : il se dressa contre le mur et, respirant à peine, il écouta attentivement.

« Il me semble que c'est assez loin comme cela, » dit le monsieur. « Je ne souffrirai pas que cette jeune demoiselle descende une marche de plus ; il y a bien des gens qui auraient eu trop peu de confiance en vous, pour consentir même à venir jusqu'ici ! Mais je suis encore complaisant, comme vous voyez. »

« Vraiment! vous appelez cela être complaisant ! » répartit Nancy, « vous êtes vraiment sensé !... complaisant ! Bah, c'est égal ! »

« Non, mais dites-moi, reprit le monsieur, d'un ton plus doux, « pourquoi nous avoir amenés dans cet étrange endroit ? Pourquoi pas là-haut, où l'on y voit du moins, et où il y a du monde qui passe plutôt que dans cet affreux coupe-gorge? »

« Je vous ai déjà dit que je n'aime pas vous parler là-haut, » répliqua la fille, frémissant involontairement ; « je ne sais pas ce que j'ai; mais j'éprouve une telle frayeur, ce soir, que je puis à peine me soutenir. »

« Que pouvez-vous avoir à craindre ? » demanda le monsieur d'un air de compassion.

« Je ne puis m'en rendre compte, » répondit Nancy ; « je voudrais le savoir. J'ai été tourmentée tout le jour par de si horribles pensées de mort et de linceuls couverts de sang, que j'en ai eu la fièvre et qu'il me semblait être consumée par un feu dévorant. J'ai voulu m'amuser à lire ce soir pour passer le temps, et j'ai vu les mêmes choses dans le livre. »

« C'est l'effet de l'imagination, » dit le monsieur, cherchant à la rassurer.

« Il n'y a pas d'imagination, » reprit la fille d'une voix enrouée. « Je jurerais que j'ai vu le mot *cercueil* imprimé en grosses lettres noires sur chaque page du livre; et ils en portaient un tout près de moi ce soir dans les rues. »

« Il n'y a rien d'étonnant à cela, » répliqua le monsieur; « j'en ai rencontré bien souvent. »

« De *véritables*, sans doute, » répartit la fille; « mais celui-là ne l'était pas. »

Il y avait quelque chose de si extraordinaire dans sa manière de parler, que l'espion en eut la chair de poule et que son sang se figea dans ses veines. Il éprouva un très-grand soulagement en entendant la douce voix de la jeune demoislle qui engagea Nancy à se calmer et à ne pas se laisser ainsi aller aux rêves affreux d'une imagination vagabonde.

« Parlez-lui avec bonté, » dit-elle au monsieur. « Pauvre fille! elle est bien à plaindre! »

« Vos prêtres orgueilleux auraient levé la tête à la vue de mes tourmens, et ils m'auraient prêché flammes et vengeance, » s'écria la fille. « Oh! ma bonne demoiselle! pourquoi donc ceux qui se disent envoyés de Dieu et qui réclament le titre de *prêtres du Très-Haut* ne sont-ils pas pour nous, pauvres misérables, aussi bons et aussi indulgens que vous l'êtes vous-même, vous qui ayant la jeunesse, la beauté et tout ce qu'ils n'ont pas, pourriez être un peu plus fière au lieu d'être si modeste! »

« Sans doute, » dit le monsieur. « Le Turc, après avoir bien lavé son visage, se tourne vers l'orient pour dire ses prières. Ces bonnes gens, après s'être bien frotté la figure, pensent être plus dignes d'adresser leurs prières à l'Être suprême. Entre le pharisien et le musulman, je donnerais la préférence à ce dernier. »

Ces paroles, qui s'adressaient à la jeune

demoiselle, avaient peut-être aussi pour but de donner à Nancy le temps de se remettre. Le monsieur reprit peu après en s'adressant à celle-ci :

« Vous n'étiez pas ici dimanche dernier? »

« Je n'ai pas pu venir, » répondit la fille ; « j'ai été retenue de force. »

« Par qui donc ? »

« Par Guillaume ; l'homme dont j'ai parlé à mademoiselle. »

« Vous n'étiez point soupçonnée d'avoir eu un entretien avec quelqu'un au sujet de ce qui vous amène ici, je pense? » demanda le monsieur d'un air inquiet.

« Non, » reprit la fille en secouant la tête. « Il ne m'est point facile de le quitter, à moins qu'il ne sache pourquoi. Je n'aurais pas pu voir mademoiselle quand je suis venue la trouver, si, pour le faire dormir, je n'avais mis du *laudanum* dans la potion que je lui ai donnée avant de sortir. »

« Dormait-il encore quand vous êtes rentrée? » demanda le monsieur.

« Oui, » répondit la fille ; « et ni lui ni aucun d'eux n'ont le moindre soupçon. »

« C'est bien » dit le monsieur. « Maintenant, écoutez-moi. »

« Je suis prête à vous entendre, » dit la fille, comme il paraissait réfléchir un instant.

« Cette jeune demoiselle que voici, » dit le monsieur, « m'a communiqué, ainsi qu'à quelques amis sur la discrétion desquels on peut se reposer en toute confiance, ce que vous lui avez dit il y a environ quinze jours. Je vous avoue que dès l'abord je doutais qu'on dût s'en rapporter entièrement à vous; mais maintenant j'en ai la certitude. »

« Vous le pouvez en toute sûreté, » reprit vivement Nancy.

« Je vous crois, reprit le monsieur; « et pour vous prouver que je me fie à vous, je vous dirai franchement que nous nous proposons d'extorquer de ce Monks, son secret (quel qu'il soit), et que pour cela, nous tirerons avantage, s'il le faut, des terreurs paniques auxquelles vous dites qu'il est sujet. Mais si cependant nous ne pouvons nous en rendre maîtres, ou, qu'une fois entre nos mains, il ne veuille rien avouer, il faudrait pourtant consentir à nous livrer le juif. »

« Fagin ? » s'écria Nancy, faisant un pas en arrière.

« Sans doute, » poursuivit le monsieur. « Il faut que vous nous livriez cet homme. »

« N'y comptez pas ! » repartit la fille. « Quelque affreuse qu'ait été sa conduite envers moi, je ne ferai jamais ce que vous me demandez là !... Non, jamais ! »

« Vous êtes bien résolue? » dit le vieux monsieur, qui s'attendait à cette réponse.

« Jamais ! » reprit Nancy.

« Dites-moi pourquoi. »

« Pour une bonne raison, » répondit avec fermeté celle-ci. « Pour une seule raison que mademoiselle connaît et pour laquelle elle se rangera de mon côté, j'en suis sûre, puisqu'elle m'en a donné sa parole; et puis encore, par cela même que si sa conduite est mauvaise la mienne n'est pas non plus exempte de reproches. Il y en a beaucoup d'entre nous qui ont fait de même, et je ne veux pas me tourner contre eux, parce que, quelque méchans qu'ils soient, ils ne se sont jamais tournés contre moi, quand ils auraient bien pu le faire.

« Alors, » répartit le monsieur, comme s'il avait atteint le but qu'il se proposait, « livrez-moi Monks et laissez-le s'arranger avec moi. »

« Et s'il vient à dénoncer les autres ? » demanda Nancy.

« Je vous promets que, dans tous les cas où nous pourrons obtenir de lui la vérité, en lui arrachant son secret, il n'en sera que cela. Il peut y avoir, dans l'histoire du petit Olivier, des particularités qu'il serait pénible de soumettre aux yeux du public, et pourvu (comme je vous l'ai dit), que la vérité nous soit connue, c'est tout ce que nous demandons, et vos amis ne courront aucun danger. «

« Et s'il ne veut pas avouer la vérité ? » dit la fille.

« Alors, » répartit le monsieur, » le juif ne sera traîné en justice qu'autant que vous y consentiriez. Dans ce cas je pourrais vous donner des raisons qui vous détermineront à le faire. »

« Mademoiselle s'engage-t-elle à me donner sa parole en cela? » demanda vivement Nancy.

« Je vous la donne, » répliqua Rose. « Vous pouvez y compter. »

« Monks ne saura jamais par qui vous avez appris ce que vous savez? » dit la fille, après un instant de silence.

« Jamais ! » répliqua le monsieur. « Je vous assure que nous nous y prendrons de telle manière qu'il ne pourra même pas s'en douter. »

« Quoique, depuis mon jeune âge, j'aie vécu parmi les menteurs et que, par conséquent le mensonge me soit devenu familier, » dit Nancy, après un autre moment de silence, « j'accepte votre parole et m'en rapporte entièrement à vous. »

Après avoir reçu l'assurance de Rose et du monsieur, qu'elle pouvait être parfaitement tranquille, elle commença (d'une voix si basse que l'espion pouvait à peine entendre), par donner l'adresse du cabaret d'où elle avait été suivie ce soir-là. A la manière dont elle s'arrêtait en parlant, on eût pu croire que le monsieur prenait note des renseignemens qu'elle lui donnait. Lorsqu'elle eut bien expliqué les localités de la place, ainsi que l'endroit, d'où sans exciter les regards, on pouvait très-bien voir ; qu'elle eût dit à quelle heure de la nuit, et quels étaient à peu près les jours que Monks fréquentait le plus ordinairement ce repaire, elle sembla réfléchir un instant comme pour se rappeler les traits de l'homme en question, et être plus capable de donner le signalement.

« Il est grand, » dit-elle, « assez fort, mais pas gros. A le voir marcher on croirait qu'il va faire un mauvais coup ; car il regarde constamment de côté et d'autre. Il a les yeux tellement renfoncés dans la tête, que, par cela seul, vous pourriez aisément le reconnaître. Il est très-brun de peau, et bien qu'il n'ait que vingt-six ou vingt-huit ans tout au plus, ses yeux noirs sont secs et hagards. Ses lèvres sont souvent flétries et décolorées par les marques de ses dents ; car il est sujet à de terribles convulsions, et souvent même il se mord les mains jusqu'au sang. — Pourquoi tressaillez-vous ? » dit la fille s'arrêtant tout court.

Le monsieur se hâta de répondre qu'il

ne savait pas qu'il eût tressailli, et il la pria de continuer.

« J'ai su cela, en partie, des gens de la maison dont je vous ai parlé, » poursuivit la fille; « car je ne l'ai vu que deux fois, et encore il était enveloppé d'un grand manteau. — Je crois que voilà tout ce que je puis vous en dire. — A propos, attendez !...... Quand il tourne la tête on aperçoit sur son cou, un peu au-dessus de sa cravate... »

« Une grande marque rouge, comme une brûlure ! » s'écria le monsieur.

« Comment cela se fait-il ? » dit la fille. « Vous le connaissez donc ? »

« La jeune demoiselle jeta un cri de surprise et ils gardèrent tous trois, pendant quelques instants, un si profond silence que l'espion eût pu les entendre respirer.

« Je crois le connaître, » dit le monsieur. « Je le reconnaîtrais du moins, d'après le signalement que vous m'en donnez... Nous verrons... Il y a bien des gens qui se ressemblent singulièrement, cependant... Il est bien possible que ce ne soit pas le même. »

Disant cela d'un air d'indifférence, il se tourna du côté de l'espion et murmura entre ses dents. « Ce ne peut être que lui ! »

« Maintenant, » reprit-il, en s'adressant à Nancy, « vous venez de nous rendre un grand service, jeune fille, et je vous en remercie. — Que puis-je faire pour vous ? »

« Rien, » répliqua Nancy.

« Ne persistez pas dans ce refus, voyons, réfléchissez un peu, » reprit le monsieur avec un air de douceur et de bonté qui eût pu toucher un cœur plus dur et plus insensible.

« Non, rien, monsieur, je vous assure ! » répartit la jeune fille en versant des larmes. « Vous ne pouvez rien pour changer mon sort. L'espoir est perdu à tout jamais pour moi. »

« Vous avez tort de croire cela, » dit le monsieur. « Le passé a été bien mal employé, il est vrai. Ces trésors inestimables que le Créateur prodigue à chacun de nous et qu'il n'accorde qu'une fois, ont été perdus en vous ; mais vous pouvez espérer dans l'avenir. Je sais bien qu'il n'est pas en notre pouvoir de vous donner la paix du cœur et le contentement de l'esprit, car cela dépend de vous ; mais nous pouvons vous offrir une paisible retraite soit en Angleterre, ou (si vous craignez d'y rester), partout ailleurs. Non-seulement nous sommes à même de vous sauver, mais nous le désirons bien sincèrement. Avant le point du jour, avant que cette rivière réfléchisse les premiers rayons du soleil, vous serez loin de vos anciens compagnons et tout-à-fait hors de leur portée. Voyons ! laissez-vous persuader. Je ne voudrais pas que vous les revissiez davantage, que vous échangeassiez une seule parole de plus avec eux ni que vous respirassiez encore une fois le même air, qui est pour vous une vraie contagion cent fois pire que la mort. Fuyez-les, tandis qu'il en est temps encore et que l'occasion se présente. »

« Elle va se laisser persuader ! » s'écria Rose. « Elle va se rendre, j'en suis sûre ; elle hésite. »

« Je crains bien que non, ma chère demoiselle, » dit le monsieur.

« Non, monsieur, je ne puis accepter, » reprit Nancy après un moment de réflexion. « Je suis enchaînée à ma première existence. J'en ai horreur, il est vrai ; mais je ne puis

la quitter. J'ai été trop loin pour reculer.—
Et cependant, je ne sais pas. — Peut être
que si vous m'eussiez parlé ainsi, il y a
quelque temps, je n'aurais pas balancé.
Mais, » ajouta-t-elle, en tournant brusquement la tête. « voilà encore cette maudite
frayeur qui me reprend; il faut que je m'en
retourne à la maison. Adieu! peut-être bien
que j'aurai été aperçue et suivie. Partez,
partez les premiers! Si vous croyez que je
vous ai rendu quelque service, tout ce que
je demande de vous, en retour, est de me
quitter à l'instant même et de me laisser
m'en retourner seule. »

« Il est inutile d'insister davantage, » dit
en soupirant le monsieur. « Peut-être bien
qu'en restant ici, nous compromettons sa
sûreté. Nous l'avons sans doute retenue plus
long-temps qu'elle ne s'y attendait. »

« Oui, oui? » répartit la fille : « vous
avez bien raison! »

« Comment peut donc se terminer la misérable existence de cette pauvre fille? »
s'écria Rose.

« Comment? » reprit la fille. « Regardez
devant vous, mademoiselle; jetez les yeux

sur cette eau qui bouillonne à vos pieds. Combien de fois n'avez-vous pas entendu parler de pauvres malheureuses comme moi qui s'y sont précipitées, fatiguées qu'elles étaient de la vie ! Un jour ou l'autre j'en viendrai là, bien certainement. »

« Ne parlez-pas ainsi, je vous en supplie ! » dit Rose en sanglotant.

« Vous n'en entendrez jamais parler, bonne demoiselle, « répartit Nancy. « A Dieu ne plaise que de telles horreurs viennent jamais souiller vos chastes oreilles ! Bonne nuit !... Adieu ! »

Le monsieur se retourna comme pour se disposer à partir.

« Prenez cette bourse, » s'écria Rose ; « gardez-là pour l'amour de moi ; que vous ayez quelque ressource au besoin. »

« Non, non, » reprit la fille ; « l'argent ne me tente pas, ce n'est pas l'intérêt qui m'a fait agir en cette circonstance, croyez-le bien... cependant donnez moi quelque chose, quelque chose que vous ayez porté... J'aimerais avoir quelque chose de vous... Non, non, pas une bague... Vos gants ou votre mouchoir,... quelque chose que je puisse garder comme vous ayant appartenu, ma bonne demoiselle! Là!... merci, merci! Dieu vous bénisse! Adieu! »

« L'extrême agitation dans laquelle était la fille et la crainte qu'elle avait d'être maltraitée à son retour, dans le cas où elle viendrait à être découverte, semblèrent déterminer le monsieur à partir : un bruit de pas se fit entendre sous la voûte de l'escalier, et les voix cessèrent

Rose et son compagnon parurent bientôt sur le pont et s'arrêtèrent un instant sur la derrière marche de l'escalier.

« Ecoutez! » s'écria la jeune demoiselle, prêtant une oreille attentive. « N'a-t-elle pas appelé? Il m'a semblé entendre sa voix! »

« Non, ma chère demoiselle, » répliqua M. Brownlow regardant tristement derrière lui. « Vous vous trompez, elle n'a pas bougé et ne bougera même pas, que nous ne soyons partis. »

Rose Maylie attendit encore, mais le vieux monsieur la prit par le bras et l'entraîna doucement vers lui. A l'instant où ils disparurent, Nancy se laissa tomber tout de son long, sur l'une des marches, et donna un libre cours à ses larmes.

Elle se releva bientôt après et regagna la rue d'un pas chancelant. L'espion étonné, resta un instant encore immobile à son poste; après quoi ayant regardé avec précaution autour de lui, pour s'assurer s'il était seul, il sortit doucement de sa cachette et se glissa à la dérobée, le long du mur, de même qu'il était descendu.

Arrivé en haut de l'escalier, Noé Claypole tourna la tête à droite et à gauche, et n'apercevant âme qui vive, il prit ses jambes à son cou et arriva bientôt à la demeure du juif.

## CHAPITRE V.

#### CONSÉQUENCES FATALES.

C'était environ deux heures avant le point du jour : à cette heure qu'en automne on peut appeler les ombres de la nuit ; quand les rues sont désertes, que le bruit même, au loin, paraît sommeiller et que l'ivrogne regagne, en chancelant, sa maison ; c'était dis-je à cette heure silencieuse et paisible que le juif veillait dans son grabat, paraissant attendre quelqu'un avec la plus vive impatience. Son visage était si pâle, ses traits si altérés et ses yeux si rouges, qu'il avait moins l'apparence d'un homme que d'un spectre hideux sorti de la tombe et tourmenté par le malin esprit. Enveloppé dans une vieille couverture, il était assis ou plutôt courbé devant sa cheminée dans laquelle il n'y avait point de feu, et regardait machinalement sur une table qui était auprès de lui, sa chandelle qui coulait. Comme, absorbé dans ses pensées, il avait les doigts dans sa bouche et qu'il rongeait ses ongles noirs de crasse, on eût pu voir, entre ses gencives dégarnies, deux ou trois petites dents crochues, semblables à celles d'un chien ou d'un rat.

Près de lui, sur un matelas étendu à terre, gisait Noé Claypole, dormant d'un profond sommeil. De temps en temps le vieillard jetait les yeux vers ce dernier et les remenait ensuite sur la chandelle dont la mèche longue retombant sur elle-même, faisait couler le suif sur la table (ce qui prouvait clairement que les pensées du juif étaient partout ailleurs).

Il n'y avait pas à en douter : la mortification de voir tous ses projets déjoués, son principal plan renversé; la haine qu'il ressentait pour Nancy qui avait osé correspondre avec des étrangers et dont il suspectait la sincérité, en refusant de le livrer à la justice, le désappointement de ne pouvoir se venger de Sikes, la crainte d'être découvert, ruiné et pendu, toutes ces chochoses s'offraient rapidement et successivement à son esprit.

Il était depuis long-temps dans cette attitude, lors qu'enfin le bruit des pas d'une personne qu'il crut reconnaître vint frapper son oreille.

« Enfin ce n'est pas dommage! » murmura-t-il en essuyant ses lèvres sèches et fiévreuses. « Vaut mieux tard que jamais! »

Comme il disait ces mots, la sonnette se fit entendre : il grimpa l'escalier quatre à quatre et revint bientôt accompagné de Sikes portant un paquet sous son bras.

« Tenez, serrez cela, » dit celui-ci, « et tirez-en le plus que vous pourrez. J'ai eu assez de peine à l'avoir, Dieu merci!... Il y a plus de deux heures que je devrais être ici. »

Fagin ayant pris le paquet le serra à clé dans l'armoire, revint s'asseoir à sa place, sans dire un seul mot, et regarda fixement le brigand : ses lèvres pâles tremblaient si fortement, ses traits étaient si bouleversés par les différentes émotions qui le maîtrisaient, que Sikes recula involontairement et qu'il le considéra quelques instans avec une expression de terreur.

« Qu'est-ce qu'il y a donc, maintenant? »

s'écria ce dernier. « Pourquoi envisager ainsi les gens, hein, voulez-vous répondre ? »

Le juif leva la main, agita son doigt d'un air mystérieux ; mais son trouble était si grand qu'il lui fut impossible de parler.

« Malédiction ! » dit Sikes passant vivement sa main dans sa poche de côté. « Il est devenu enragé ! Il faut que je fasse attention à moi, ici ! »

« Non, non, » dit Fagin recouvrant enfin l'usage de la voix. « Il n'y a pas de danger, Guillaume... Ce n'est pas à vous que j'en veux... Je n'ai rien à vous reprocher à vous. »

« Ah ! c'est fort heureux ! » reprit Sikes, le regardant entre deux yeux, et mettant, avec un air d'ostentation, son pistolet dans une autre poche. « Fort heureusement pour l'un de nous deux... Pour lequel, peu importe. »

« Ce que j'ai à vous dire, Guillaume, » repartit le juif approchant sa chaise de celle du brigand, « vous fera encore plus d'effet qu'à moi. »

« J'en doute fort, » répliqua Sikes d'un air d'incrédulité. « Parlez vite, ou Nancy va croire que je suis perdu. »

« Perdu ! » s'écria Fagin. « Ça ne la surprendrait pas. Elle a assez travaillé comme cela à votre perte. »

Sikes interdit, chercha à lire dans les yeux du vieillard ; mais n'y pouvant deviner le sens de cette énigme, il le saisit au collet, et le secouant de toutes ses forces :

« Encore une fois, parlez ! » dit-il, « ou si vous ne parlez pas, c'est que vous n'en aurez plus la force ! Ouvrez la bouche et expliquez-vous clairement, entendez-vous, vieux scélérat !

« Je suppose, » dit Fagin, « que ce garçon qui est couché là : »

Sikes tourna la tête, comme s'il n'avait pas remarqué, en entrant, que Noé fût là. « Eh bien, après ? » dit-il, reprenant sa première position.

« Je suppose que ce garçon, » poursuivit le juif, « vienne à nous trahir ;... qu'il nous vende tous ;... qu'il découvre les gens qui ont intérêt à nous connaître,... qu'il leur donne notre signalement jusqu'à la moindre petite marque et qu'il leur dise l'endroit où on peut aisément nous *pincer*. Je suppose qu'il fasse tout cela, et qu'en outre, il nuise à nos intérêts, en déjouant nos projets d'avenir. Et tout cela de son propre gré, sans y être forcé ni par la question, ni par l'adresse des juges, ni par l'abstinence, ni par le radotage d'un vieux prêtre, mais tout bonnement de son propre gré;... pour satisfaire un caprice à lui, que diriez-vous? Me comprenez-vous maintenant? » s'écria le juif écumant de rage. « Je suppose qu'il ait fait tout cela; que feriez-vous, alors? »

« Ce que je ferais! reprit Sikes avec un jurement affreux. « Ce que je ferais! S'il était encore en vie à mon retour, je lui briserais le crâne avec le talon de ma botte, et je le réduirais en autant de morceaux qu'il a de cheveux à la tête... voilà ce que je ferais! »

« Et si c'était moi? » cria le juif à tue-tête. « *Moi* qui en sais tant et qui pourrais en faire pendre tant d'autres avec moi! »

« Je n' sais pas, » repartit Sikes grinçant des dents et pâlissant de colère, à la seule idée que ce pût être. « Je ferais quelque chose dans la prison qui me ferait mettre la camisole, j'en suis sûr; ou si j'étais pour être jugé en même temps que vous, j'en dirais plus à moi seul, contre vous, que tous les témoins à charge et j' vous ferais sauter la cervelle devant tout le monde...Ce n'est ni la force ni le courage qui me manqueraient, allez ! » murmura le brigand, brandissant son poing, comme s'il allait réellement commencer l'action. » J'irais de si bon cœur que vous n'y verriez que du feu ! »

« Vraiment ! » fit le juif.

« Aussi vrai que je vous le dis, » repartit le brigand. « Essayez un peu, vous verrez si je me gêne . »

« Si c'était Charlot, ou le Matois, ou Betsy..... ou bien ?... »

« Peu m'importe à moi qui ce soit ! » reprit Sikes avec impatience. « Je lui ferais son affaire tout de même. »

Fagin fixa de nouveau le brigand, et lui faisant signe de garder le silence, il se pencha sur le matelas où reposait Noé et secoua celui-ci par le bras pour l'éveiller. Sikes s'avança sur sa chaise et posa ses mains sur ses genoux, curieux qu'il était de savoir quelle serait la fin de ce mystère.

« Bolter! Bolter !...*Pauvre garçon !* » dit

le juif appuyant avec emphase sur l'épithète. « Il est fatigué, Guillaume; il est harassé d'avoir guetté si long-temps *la jeune fille*. »

Qu'est-ce que cela veut dire? » demanda Sikes se renfonçant sur sa chaise.

Le juif ne répondit rien; mais se penchant de nouveau vers Noé, il le tira par le bras et parvint à le faire mettre sur son séant. A force de s'entendre appeler, celui-ci se frotta les yeux, et ayant baillé deux ou trois fois avec beaucoup de grâce, il regarda d'un air étonné autour de lui.

« Répétez-moi donc cela encore une fois, afin qu'il l'entende, » dit le juif, montrant du doigt, Sikes. « Encore une fois, Bolter. Plus qu'une fois, mon garçon! »

« Que je vous répète quoi? » demanda Noé, d'assez mauvaise humeur d'être ainsi éveillé au plus fort de son sommeil.

« Ce que vous savez au sujet de *Nancy*, » dit le juif, tenant Sikes par le poignet comme s'il eût craint que celui-ci ne sortît avant d'avoir tout entendu. « Vous l'avez suivie, n'est-ce pas? »

« Oui. »

« Au pont de Londres ? »

« Oui. »

« Où elle a rencontré deux personnes ? »

« Justement. »

« Un monsieur et une demoiselle qu'elle avait été trouver auparavant de son plein gré. Ils lui ont demandé de leur livrer tous ses compagnons, et Monks le premier, ce qu'elle a fait; de leur dépeindre son signalement, ce qu'elle a fait; de leur donner le nom et l'adresse de la maison que nous fréquentons le plus habituellement et où nous nous réunissons, ainsi que l'endroit d'où l'on peut le mieux voir sans être aperçu, ce qu'elle a fait; ils lui ont demandé le jour et l'heure où nous nous rendions ordinairement dans cette maison, et elle le leur a dit : voilà tout ce qu'elle a fait. On n'a pas eu besoin d'employer la menace pour lui faire dire toutes ces choses; elle les a dites de son plein gré, n'est-il pas vrai ? » s'écria le juif, presque fou de colère.

« C'est vrai, » répliqua Noé, se grattant la tête. « Voilà justement comme cela s'est passé ! »

« Qu'ont-ils dit, au sujet de dimanche dernier? » demanda le juif.

« Au sujet de dimanche dernier? » reprit Noé, cherchant à se rappeler. « Il me semble que je vous l'ai déjà dit. »

« Cela ne fait rien ; dites-le encore une fois ! » s'écria Fagin, serrant encore plus fort le bras de Sikes, et agitant son autre main tandis que l'écume lui sortait de la bouche.

« Ils lui ont demandé, » dit Noé, qui, à mesure qu'il s'éveillait, semblait avoir une idée de ce qu'était Sikes, « ils lui ont demandé pourquoi elle n'était pas venue dimanche dernier, comme elle l'avait promis ; et elle a répondu que cela lui avait été impossible. »

« Pourquoi? pourquoi? » interrompit le juif, d'un air triomphant. « Dites-lui pour quelle raison. »

« Parce que Guillaume n'a pas voulu la laisser sortir et qu'il l'a retenue de force. Et comme le monsieur ne paraissait pas connaître Guillaume, elle a ajouté que c'était *l'homme* dont elle avait parlé à la demoiselle, auparavant, » dit Noé.

« Qu'a-t-elle dit de plus, au sujet de Guillaume ? » cria le juif. « Qu'a-t-elle ajouté à propos de *l'homme* dont elle avait parlé à la demoiselle, auparavant? dites-lui cela, dites-lui cela. »

« Elle a dit qu'elle ne pouvait pas sortir aisément, à moins qu'il ne sût où elle allait, » dit Noé; « et que la première fois qu'elle est venue trouver cette demoiselle (ha! ha! ha! je n'ai pu m'empêcher de rire, quand elle a dit cela), elle lui avait mis du *laudanum* dans la potion qu'elle lui a fait boire, avant qu'elle ne sortît. »

« Damnation! » s'écria Sikes faisant lâcher prise au juif. « Laissez-moi! »

Repoussant loin de lui le vieillard, il s'élança hors de la chambre et se précipita dans l'escalier comme un furieux.

« Guillaume! Guillaume! » cria le juif courant après lui, « un mot! un seul mot! »

Ce mot n'eût pas été échangé, si le brigand qui ne pouvait ouvrir la porte, malgré les horribles juremens qu'il proférait, n'eût donné le temps au juif d'arriver tout haletant.

« Ouvrez-moi cette porte! » dit Sikes,

« ne m'amusez pas là une heure, avec votre bavardage, je ne suis pas d'humeur à vous entendre! laissez-moi sortir, sans m'adresser la parole, il n'y ferait pas bon, je vous assure! »

« Un instant, un seul instant! » dit le juif posant la main sur la serrure, « Ne soyez pas trop.... »

« Trop, quoi? » reprit l'autre.

« N soyez pas... trop... violent, Guillaume, » dit le juif, d'un air patelin.

Il commençait à faire assez jour pour que chacun d'eux pût lire sur le visage de l'autre ce qui se passait en son âme. Ils échangèrent un regard ; leurs yeux étincelaient. On ne pouvait se tromper sur la nature de leurs sentimens à tous deux.

« Ah ça, Guillaume! » dit Fagin, voyant que toute feinte était désormais inutile: « je voulais dire, ne soyez pas trop violent (du moins pour votre sûreté à vous). N'allez pas vous compromettre, surtout, soyez prudent! »

Disant cela, le juif tourna deux fois la clé dans la serrure, et Sikes, pour toute réponse, ouvrit la porte toute grande et partit comme un trait.

Sans se donner le temps de réfléchir, sans tourner la tête d'aucun côté, sans jeter un regard à droite ou à gauche, mais les yeux fixes devant lui, il allait à grands pas, ses dents serrées si fortement les unes contre les autres, que sa mâchoire inférieure semblait rentrer dans sa peau. Plein de farouches pensées, et ayant un affreux projet en tête, il marchait tête baissée et, sans avoir dit une seule parole ni remué un seul muscle de son visage, il se trouva devant sa maison. Il entra sans faire de bruit, monta doucement l'escalier, ouvrit la porte de sa chambre avec la même précaucaution, la ferma à double tour et ayant porté une table derrière, il s'approcha du lit et en tira les rideaux.

Nancy qui était couchée à moitié habillée, s'éveilla en sursaut.

« Est-ce toi, Guillaume? » dit-elle avec un air de satisfaction de le savoir de retour.

« Oui, c'est moi, » répondit le brigand. « Lève-toi! »

Il y avait une chandelle qui brûlait, en

attendant Sikes; celui-ci l'ôta du chandelier et la jeta dans la cheminée. La jeune fille voyant qu'il faisait petit jour, se leva pour tirer les rideaux de la fenêtre.

« Ce n'est pas nécessaire, » dit Sikes, mettant son bras devant elle pour l'en empêcher. « J'y verrai toujours assez pour ce que j'ai à faire. »

« Guillaume! » s'écria Nancy d'une voix étouffée par la peur. « Pourquoi me regardes-tu ainsi ?

L'œil hagard, la respiration courte et les narines gonflées, le brigand la considéra un instant en silence; puis, la prenant par la tête et par le cou, il la traîna au milieu de la chambre et lui mit la main sur la bouche, après avoir jeté un regard vers la porte.

« Guillaume! Guillaume! » s'écria la fille, se débattant avec une force que peut donner seule la crainte de la mort; « je ne ferai point de bruit;... je ne crierai pas... je te le promets! — Écoute-moi!... Parle-moi!... Dis-moi ce que j'ai fait! »

« Ah! tu le sais bien ce que tu as fait, infâme! reprit Sikes avec un rire infernal.

« Tu le sais bien ce que tu as fait!... On t'a guettée, cette nuit... Chacune de tes paroles a été entendue. »

« Épargne ma vie, comme j'ai épargné la tienne, je t'en supplie, Guillaume! Au nom du ciel épargne ma vie! » s'écria Nancy se cramponnant après lui. « Guillaume! mon cher Guillaume!... tu n'auras pas le cœur de me tuer! Ah! pense à tout ce que j'ai refusé cette nuit pour toi!... réfléchis un peu et épargne-toi ce crime! Je ne te lâcherai pas; tu ne peux pas me faire lâcher prise, Guillaume. Pour l'amour de Dieu, réfléchis avant de verser mon sang! C'est moi qui t'en supplie!... moi qui t'aime tant...! Je t'ai toujours été fidèle, Guillaume. Aussi vrai que je suis une indigne créature, je t'ai été fidèle! »

Le brigand se débattit violemment pour lui faire lâcher prise; mais les bras de la fille étaient entrelacés dans les siens d'une telle sorte, qu'il ne put en venir à bout.

« Guillaume, » dit Nancy cherchant à poser sa tête sur le sein du brigand, « ce vieux monsieur et cette bonne demoiselle m'ont offert, cette nuit, un asile dans quelque pays étranger où je pourrais finir mes jours en paix ; laisse-les moi voir encore une fois, je les supplierai à genoux de t'accorder la même faveur et, s'ils y consentent, comme je n'en doute pas, nous quitterons cet horrible lieu, nous irons, chacun de notre côté vivre dans la retraite où nous tâcherons d'oublier la vie affreuse que nous avons menée ensemble, et nous ne nous reverrons jamais plus. Il n'est jamais trop tard pour se repentir : Ils me l'ont dit, et je comprends maintenant qu'ils ont raison... mais il faut le temps... Faut-il encore avoir le temps, Guillaume.... un peu de temps ! »

Sikes étant parvenu à dégager un bras, saisit son pistolet. L'idée qu'il serait découvert et arrêté sur le champ, s'il en lâchait la détente, se présenta comme un éclair à son esprit, au milieu même de sa fureur, et il en asséna deux ou trois coups de crosse sur le visage suppliant de la jeune fille.

Elle chancela d'abord et tomba ensuite presque aveuglée par le sang qui ruisselait d'un trou énorme qu'il lui avait fait à la tête; mais se relevant sur ses genoux, avec quelque difficulté toutefois, elle tira de son sein un mouchoir blanc ( celui de Rose Maylie ) et l'élevant entre ses deux mains jointes, aussi haut que ses forces le lui permirent, elle murmura une courte prière pour implorer la pitié du Seigneur. . .

. . . . . . . . . . . . . .

C'était un spectacle horrible. L'assassin épouvanté recula jusqu'à la muraille en portant la main devant ses yeux; puis s'emparant d'un énorme bâton, il en porta un coup sur le crâne de la fille et l'étendit roide à ses pieds.

## CHAPITRE VI.

#### FUITE DE SIKES.

De toutes les atrocités qui, à la faveur des ombres de la nuit, se sont commises jusqu'alors dans Londres et dans la banlieue, celle-ci fut la plus grande.

Le soleil, ce soleil radieux du matin qui non-seulement ramène le jour, mais qui donne encore à l'homme une nouvelle vie et un nouvel espoir, brillait dans toute sa splendeur sur la cité populeuse : sur le vitrage magnifique du palais aussi bien que sur le carreau de papier d'une méchante bicoque; à travers le dôme de la cathédrale aussi bien que les crevasses d'une masure, il dardait un égal rayon. Il éclaira la fenêtre de la chambre dans laquelle gisait la fille assassinée. Sikes en tira les rideaux, mais il y pénétra malgré lui. Si, à la faible lueur du crépuscule, la vue de ce cadavre avait été hideuse, qu'était-ce donc en plein jour !

L'assassin était toujours à la même place : il n'avait pas osé bouger. Il y avait eu un soupir et un mouvement de la main; et dans son épouvante et dans sa haine, il avait frappé de nouveau. Il jeta sur elle une vieille couverture; mais il lui sembla voir les yeux de la fille se tourner vers lui, et cette idée l'effrayait plus encore que de les voir à nu se réfléchir dans la mare de sang caillé qui couvrait le plancher. Il retira donc la couverture, et il lui fallut supporter de nouveau la vue de ce corps qui était plein de vie, il n'y avait qu'un instant : ce n'était que de la chair et du sang, il est vrai; mais quelle chair et quel sang !

Il battit le briquet et alluma la chandelle; ensuite il alluma le feu et jeta le bâton dans le foyer. Quelques cheveux qui s'étaient attachés à l'un des bouts, tournoyèrent sur eux-mêmes en brûlant, et se dispersèrent en voltigeant dans la cheminée. Cette seule chose l'effraya : il cassa le bâton en plusieurs morceaux, pour qu'il fût plus vite consumé. Il se débarbouilla et nettoya ses habits : il y eut quelques taches qu'il ne put faire partir ; il coupa les morceaux et les brûla. Comme il y en avait de ces taches de sang par toute la chambre ! Les pattes même du chien en étaient souillées !

Pendant le temps qu'il fit toutes ces choses, il ne tourna pas une seule fois le dos au cadavre. Lorsqu'il eut fini, il alla à reculons, vers la porte, emmenant son chien avec lui, de peur qu'il ne découvrît le crime par ses hurlemens : il la ferma soigneusement à double tour, mit la clé dans sa poche et sortit.

Il traversa la rue et jeta un coup d'œil vers la fenêtre, pour s'assurer si l'on ne pouvait rien apercevoir du dehors. Le rideau était tiré ( ce même rideau qu'elle avait voulu tirer, le matin, pour jouir de la lumière qu'elle ne devait plus revoir). Il en fit la remarque. Dieux ! comme le soleil dardait ses rayons sur cet endroit !

Il se trouva soulagé d'être hors de la chambre ; il siffla son chien et s'éloigna rapidement.

Il traversa *Islington*, et se dirigeant vers

*Highgate,* arpenta la colline sur le haut de laquelle on a élevé une colonne en l'honneur de Whittington. Il continua de marcher, sans trop savoir où il il allait ; tantôt prenant à gauche et tantôt à droite, jusqu'à ce que, n'en pouvant plus de fatigue, il s'étendit sur l'herbe au pied d'une haie et s'y endormit.

Il fut bientôt de bout et reprit sa course, non pas cette fois vers la campagne, mais en revenant sur Londres, par la grande route. Il rebroussa chemin cependant, peu après, et se trouva de nouveau au milieu des mêmes champs qu'il venait de traverser deux heures auparavant.

Où aller, pour manger un morceau et se rafraîchir ?... Il aurait voulu trouver un endroit, pas trop loin de la ville et pas trop public cependant. S'il allait à Hendon?... c'est un bon endroit cela,... c'est détourné de la route. Il y dirigea ses pas, tantôt se mettant à courir, tantôt marchant doucement, parfois s'arrêtant tout court et s'amusant à battre les haies avec son bâton. Lorsqu'il y fut arrivé, tous les gens qu'il rencontra, les enfans même qui étaient sur le seuil d leurs portes, semblaient le regarder avec un air de défiance. Il sortit du pays au plus vite, sans avoir osé acheter quoique ce fût, bien qu'il y eût long-temps qu'il n'avait rien pris, et il se remit à marcher sans savoir où il allait.

Après avoir fait beaucoup de chemin, il se retrouva encore à la même place. Le jour était sur son déclin, et la faim chez lui commençant à se faire sentir, il se décida à aller à *Hatfield*.

Il était neuf heures du soir environ, quand Sikes harassé et mourant de faim, et son chien tirant la langue et marchant sur trois pattes, entrèrent dans le village, par le petit chemin de traverse qui conduit à l'église. Guidés par un bec de gaz, à la porte d'un cabaret de chétive apparence, situé au bout d'une ruelle, ils s'y rendirent tous deux.

Il y avait du feu dans la salle, et quelques ouvriers assis en rond devant la cheminée, faisaient la conversation en buvant leur chopine. Ils firent place au nouveau venu; mais il s'assit tout seul dans un coin et se mit à manger et à boire, sans faire attention à ce qui se passait autour de lui, ne détournant les yeux de dessus la table, que pour donner de temps à autre une bouchée de pain à son chien.

La conversation des ouvriers roula sur les travaux de la campagne, sur les terres et sur les fermiers du voisinage, et lorsque ce sujet fut épuisé, on parla de l'âge d'un vieillard qu'on avait enterré la veille; les jeunes gens trouvant qu'il était arrivé à un bel âge, et les vieux pensant qu'il était encore jeune et que, s'il eût pris garde à lui, il aurait pu vivre encore une dixaine d'années, pour le moins.

Il n'y avait rien en ceci qui dût exciter l'attention ou la crainte. Le brigand ayant payé son écot, resta silencieux dans son coin, et il commençait déjà à s'endormir, lorsqu'il fut éveillé par l'arrivée d'un nouveau personnage.

C'était un de ces Roger-Bontemps, tout à la fois colporteurs et charlatans, allant de ville en ville et de village en village, offrir aux badauds des pierres à repasser, des peignes à démêler, de la cire à cacheter, des allumettes phosphoriques, des cure-dents, des rasoirs, des savonettes, des cosmétiques, des drogues pour les animaux, des brosses à dents, de la parfumerie à bon marché et autres objets de ce genre, contenus dans une boîte qu'ils portent sur leur dos.

Son entrée fut pour nos paysans, le signal de grosses plaisanteries qui ne cessèrent que quand, après avoir fini de souper, il eut ouvert sa boîte à la malice et qu'il eut expliqué, avec un talent tout particulier, les propriétés de ses onguens; ayant soin de joindre l'utile à l'agréable.

« Et à quoi c'est-y bon ça, Joseph? » demanda un farceur de campagne en montrant du doigt une tablette chimique.

« Ceci? » dit notre individu prenant la tablette entre le pouce et l'index, avec une dextérité sans égale : « c'est une composition infaillible et inestimable, pour enlever toutes sortes de taches : taches de rouille, taches de boue, taches de graisse, taches d'huile et taches de cambouis ; sur quelque genre d'étoffe que ce soit : sur la soie, sur le satin, sur la batiste, sur le drap, sur le crêpe, sur le mérinos, sur la mousseline, sur le guingamp, sur le bazin et sur le camelot. Taches de vin, taches de fruit, taches de bière, taches de peinture, taches de poix, en un mot toutes sortes de taches. Vous n'avez qu'à frotter tant soit peu avec cette précieuse composition, et la tache est partie à l'instant. Si une dame a une tache à l'endroit de son honneur, elle n'a qu'à avaler une de mes tablettes, et la voilà guérie pour toujours, car c'est du poison. Si un monsieur veut faire preuve du sien, il n'a qu'à en faire autant, et c'est une preuve de courage, car c'est plus amer qu'une balle de pistolet, et ça produit le même effet. Et combien, messieurs ? un sou la tablette ! La bagatelle d'un sou ! Il ne faudrait pas avoir un sou dans sa poche, pour se priver d'un tel trésor ! Un sou, messieurs, avec toutes ses vertus et ses propriétés. »

Il y eut aussitôt deux acheteurs. Le vendeur, observant que la majorité de l'auditoire hésitait, redoubla de volubilité :

« C'est ordinairement vendu d'avance, et c'est acheté à mesure que ça sort de la fabrique. Nous ne pouvons y suffire. — Quatorze moulins, six machines à vapeur, une machine électrique, sont constamment en action; et nous ne pouvons satisfaire tout le monde, quoique nos ouvriers travaillent si fort qu'ils en crèvent, et que nous accordions aux veuves une pension de vingt livres sterling par an, pour chacun des enfans, et une prime de cinquante livres pour deux jumeaux. Un sou la tablette, messieurs ! deux demi-sous, c'est la même chose, et quatre liards sont reçus avec le plus grand plaisir. Un sou la tablette ! Taches de vin, taches de fruit, taches de bière, taches de sang, etc., etc. Tenez, messieurs ! Remarquez bien cette tache sur le chapeau de monsieur ; je m'en vais la faire partir avant qu'il ait eu le temps seulement de faire venir une pinte de bière. »

« Ah ! » s'écria Sikes en tressaillant, « c'est ça, faites-la disparaître ! »

« Je m'en vais vous l'enlever (poursuivit l'homme, faisant signe de l'œil à la compagnie), avant que vous ayez eu le temps de tirer le cordon de sonnette pour appeler le garçon ! Je prie l'aimable société qui m'environne de me prêter un instant d'attention. Observez bien, messieurs, cette tache noire sur le chapeau de monsieur; elle n'est pas plus large qu'un schelling, mais elle est aussi épaisse qu'une demi-couronne. Que ce soit une tache de vin, de bière, de fruit, de peinture, de poix, de boue, etc., etc. Serait-ce même une tache de sang..... »

L'homme n'en dit pas davantage; car Sikes renversa la table en faisant une imprécation horrible, et arrachant son chapeau des mains du colporteur, il sortit brusquement.

Voyant qu'il n'était pas suivi, et que peut-être, à cette heure de la nuit, on pourrait bien le prendre pour un ivrogne regagnant lentement se demeure, il résolut de rentrer dans la ville et il en prit le chemin. Ayant aperçu une voiture publique arrêtée dans la rue, il se détourna pour éviter d'être vu à la lueur des lanternes; mais se rappelant aussitôt que ce devait être la malle-poste de Londres, arrêtée devant un petit bureau pour prendre les lettres, il s'en approcha.

Le conducteur attendait en effet, à la porte, qu'on lui donnât le sac aux dépêches. Un homme habillé en garde-chasse étant arrivé sur ces entrefaites, celui-là lui remit une bourriche qu'il avait déposée d'avance sur le trottoir.

« Voilà pour chez vous, » dit-il. « Êtes-vous morts ou vivans, là-dedans? » s'écria-t-il, en frappant du poing à la porte du bureau. « Que le diable soit des lambins! C'était de même avant-hier : le paquet n'était pas encore prêt. Ça ne peut pas faire l'affaire, savez-vous, les amis! çà ne peut aller long-temps comme ça! »

« Il n'y a rien de neuf à la ville, Benjamin? » demanda le garde-chasse, tournant autour des chevaux pour admirer l'attelage.

« Non, rien que je sache, » répondit le conducteur en mettant ses gants. « Le blé est augmenté, je crois... — J'ai entendu parler d'un assassinat dans Spitalfields, mais ce n'est pas bien sûr. »

« Oh! ce n'est que trop vrai, » dit un monsieur de l'intérieur, mettant la tête à la portière, « la chose est certaine. — Et un meurtre affreux, qui plus est. »

« Vraiment! » reprit le conducteur, en portant la main à son chapeau. « Est ce un homme ou une femme? »

« C'est une femme, » répartit le monsieur. « On pense que... »

« Allons, Benjamin ! » s'écria le cocher avec impatience.

« Que le diable soit des dépêches ! » murmura le conducteur. « Allez-vous dormir là, vous autres ?

« Voilà ! voilà ! » cria le directeur du bureau, apportant les lettres.

« Oui ! *voilà, voilà !* » gronda le conducteur. « C'est ainsi que me dit la jeune fille de bonne maison qui doit avoir, un de ces jours, un caprice pour moi ; et, va-t-en voir s'ils viennent : je suis encore à l'attendre. — Quand vous voudrez ! En route, en route ! — Allume, allume ! »

Disant cela, il sonna du cor, et les voilà partis.

Sikes resta quelques instants immobile au même endroit, indifférent, en apparence, à ce qu'il venait d'entendre, mais réfléchissant pourtant où il devait aller. Enfin il revint sur ses pas, et suivit le chemin qui conduit de *Hatfield* à *Saint-Albans*.

Il marcha d'abord d'un air assez résolu ; mais quand il eut laissé derrière lui les dernières maisons du village et qu'il se fut trouvé seul au milieu de l'obscurité, son courage l'abandonna et une frayeur mortelle s'empara de ses sens. Chaque objet qu'il apercevait devant lui, ombre ou substance, calme ou mobile, lui paraissait affreux. Mais cette frayeur n'était rien, comparée à l'image qu'il avait sans cesse devant les yeux, et qu'il ne pouvait parvenir à chasser de son esprit (à l'image du cadavre sanglant qu'il avait laissé le matin dans sa chambre, et qu'il croyait toujours derrière lui; qu'il sentait même sur ses talons). Il pouvait s'en retracer les formes dans l'obscurité; il le voyait marcher d'un air grave et solennel; il entendait le frôlement de ses vêtemens contre les buissons, et le moindre souffle de vent semblait chargé du dernier soupir de la fille. Qu'il marchât ou qu'il s'arrêtât, c'était la même chose. S'il courait, il n'en était suivi que de plus près : non pas que le cadavre courût; mais il était emporté rapidement comme par un pouvoir magique.

Parfois il se retournait furieux, et brandissant son bâton, pour chasser le fantôme, quoiqu'il sût bien que ce n'était qu'une ombre; mais aussitôt ses cheveux se dressaient sur sa tête et tout son sang se glaçait dans ses veines, car le spectre s'était retourné de même que lui, et il le devinait sans le voir. Le matin, il l'avait eu tout le temps sous les yeux; c'était derrière lui qu'il était maintenant. Il se coucha sur le dos, au bord de la route, et il sentit le spectre au-dessus de sa tête, droit, immobile, tenant dans ses mains une pierre sur laquelle était une épitaphe écrite en lettres de sang. — Qu'on vienne dire ensuite qu'il est possible d'étouffer en soi le remords, ce ver rongeur de la conscience!

Il rencontra un hangar sur son chemin: sa première pensée fut d'y passer le reste de la nuit. Il y avait devant la porte trois hauts peupliers, qui rendaient ce lieu encore plus sombre; et le bruit du vent, mêlé au bruissement du feuillage de ces arbres, ressemblait assez à de sourds gémissemens. Il était trop fatigué pour marcher ainsi jusqu'au jour : il entra donc, et se coucha le long de la muraille..... pour éprouver de nouvelles tortures.

Car alors, une chose plus affreuse que

tout le reste s'offrit à ses yeux ou plutôt à son imagination exaltée. Ces deux yeux, ces yeux fixes et hagards, ces yeux glacés qu'il avait voulu cacher le matin ; et dont l'idée seule l'épouvantait, il avait ensuite découvert, ces mêmes yeux (lumière en eux-mêmes, mais ne donnant la lumière à rien) lui apparurent au milieu de l'obscurité la plus complète : il n'y en avait que deux, mais ils étaient partout. S'il fermait les siens, c'était sa chambre qu'il voyait, telle qu'il l'avait quittée : le cadavre était à la même place et dans la même position. Il se leva brusquement et courut à travers la plaine : le spectre était derrière lui. Il revint se coucher sous le hangar ; les yeux y étaient avant lui. Toujours même horreur, toujours même effroi.

Il y avait déjà quelque temps qu'il était dans cet endroit, tremblant de tous ses membres et couvert d'une sueur froide, lorsque des clameurs confuses vinrent frapper son oreille : la crainte d'un danger personnel lui rendit ses forces et son énergie, et il s'élança dehors.

Le ciel semblait en feu, une pluie d'étincelles et des tourbillons de flamme éclairaient l'atmosphère à trois lieues à la ronde, et des nuages de fumée suivaient la direction du vent. Les cris : « Au feu ! au feu ! » augmentèrent à mesure que la foule grossissait, et se mêlèrent au son des cloches qui sonnaient le tocsin, au bruit des poutres embrasées qui gémissaient sous leur propre poids en tombant, et au pétillement des flammes qui, à mesure qu'elles rencontraient un nouvel obstacle, semblaient redoubler de force et d'activité.

Il y avait là une foule de monde : hommes, femmes, enfans, étaient à la besogne ; ce fut une nouvelle existence pour lui. Guidé par la clarté du feu, il courut comme un fou, escaladant les haies, franchissant les fossés, sautant par-dessus les barrières, toujours accompagné de son chien qui poussait d'affreux hurlemens.

Arrivé sur le lieu du désastre, il vit des gens à moitié habillés, courant à droite et à gauche ; les uns sortant les chevaux des écuries, les autres conduisant le bétail dans la plaine, tandis que d'autres, chargés d'objets, cherchaient à se faire jour à travers une pluie de feu, au risque d'être écrasés par des toits de maison ou des pans de muraille qui croulaient avec un horrible fracas. Des ruisseaux de plomb fondu coulaient à terre, comme les laves d'un volcan. Les femmes, les enfans poussaient des cris affreux, et les hommes s'encourageaient les uns les autres au travail. Le bruit cadencé des pompes et le sifflement continuel de l'eau qui jaillissait à perte de vue, et qui retombait en une pluie lourde sur les charbons ardens ajoutait à l'horreur de la scène, et faisait l'effet de la mer en courroux. L'assassin cria : « Au *feu!* » comme les autres, et oubliant un moment sa position, il se mêla parmi les pompiers.

Il travailla toute la nuit avec une ardeur incroyable, et s'il y avait quelque danger à courir, c'était toujours parmi les plus hardis qu'on l'apercevait. Il se trouvait heureux au milieu de cette confusion, et la part active qu'il prit à détruire les ravages de l'incendie dissipa entièrement ses frayeurs de la nuit.

Au point du jour, les pompiers s'étant enfin rendus maîtres du feu, le calme se rétablit peu à peu, et plus que jamais le remords le saisit. Il regarda avec défiance autour de lui, car il vit plusieurs groupes de personnes qui parlaient sans doute du sinistre, et il crut qu'il était le sujet de leur entretien. Son chien comprit parfaitement un signe qu'il lui fit, et ils s'éclipsèrent furtivement l'un et l'autre. En passant devant une pompe, des hommes qui étaient à se rafraîchir lui offrirent un verre de bière; il accepta et mangea un morceau avec eux : alors, de propos en propos, la conversation tomba sur l'assassinat de la veille.

« On prétend qu'il s'est enfui à Birmingham, » dit un pompier; « mais on aura bientôt mis la main dessus, car la police est sur pied, et je répondrais qu'il sera pincé avant demain soir. »

Il s'éloigna au plus vite et marcha sans s'arrêter jusqu'à ce qu'épuisé de fatigue, il fut obligé de se coucher tout de son long, dans un sentier écarté où il dormit assez long-temps, mais d'un sommeil agité. Il se releva et se mit à errer de nouveau, plus incertain que jamais de ce qu'il devait faire, et redoutant les horreurs d'une autre nuit semblable à celle qu'il venait de passer.

Tout à coup il prit le parti désespéré de retourner à Londres.

« Il y a là, du moins, quelqu'un à qui parler, » pensa-t-il en lui-même; « c'est le meilleur endroit pour se cacher aussi; ils ne s'aviseront jamais de m'y chercher, après avoir battu la campagne comme ils l'auront fait... Ne pourrais-je pas y rester une quinzaine de jours, et forcer Fagin à me donner de quoi passer en France?... Ma foi, essayons! qui ne risque rien n'a rien! »

Suivant cette impulsion du moment, il tourna ses pas vers la capitale, ayant soin toutefois de choisir les chemins les plus détournés.

« Mais son chien ne le fera-t-il pas reconnaître? » Il résolut de le noyer. En conséquence il se dirigea vers un étang, et ramassant une grosse pierre, il l'attacha à l'un des coins de son mouchoir.

L'animal, comme s'il eût deviné le motif de cette action, regarda son maître avec un air de défiance, et resta un peu plus en arrière qu'il n'avait coutume de faire; puis, quand il vit son maître sur le bord de l'étang, il recula au lieu d'avancer.

« Ici! ici! M'entendez-vous? » cria Sikes.

L'animal, habitué à obéir à la voix de son maître, vint à lui en se traînant sur ses pates de derrière; mais au moment où celui-ci se préparait à lui passer son mouchoir autour du cou, il se mit à grogner et recula de nouveau.

« Venez ici! » cria le brigand frappant du pied contre terre.

Le chien remua la queue, mais ne bougea pas. Alors Sikes fit un nœud coulant, et l'appela derechef.

L'animal avança quelques pas, puis recula, puis s'arrêta un instant et s'enfuit.

L'homme le siffla et s'assit jusqu'à ce qu'il lui plût de revenir; mais le chien ne paraissant pas, il continua sa route.

# CHAPITRE VII.

MONKS ET M BROWNLOW SE RENCONTRENT ENFIN. EN-
TRETIEN QU'ILS EURENT ENSEMBLE, ET DE QUELLE
MANIÈRE IL FUT INTERROMPU.

Le jour commençait à baisser, quand M. Brownlow descendant d'une voiture de place, frappa doucement à la porte de sa maison. A peine eut-on ouvert, qu'un fort gaillard descendit à son tour et se mit en faction d'un côté du perron, tandis qu'un autre de même stature sauta lestement de dessus le siége où il avait pris place à côté du cocher, et vint se poster vis-à-vis du premier. A un signe de M. Brownlow, ils firent sortir du fiacre un troisième individu, qu'ils introduisirent dans la maison : cet individu n'était autre que Monks.

Ils marchèrent tous trois sans dire mot, et suivirent M. Brownlow dans une petite salle à la porte de laquelle Monks, qui n'était monté qu'avec répugnance, s'arrêta tout court, et les deux hommes regardèrent M. Brownlow, comme pour lui demander ce qu'ils avaient à faire.

« Il connaît l'alternative, » dit M. Brownlow. « S'il hésite ou qu'il veuille s'enfuir, emmenez-le dehors et faites-le arrêter en mon nom. »

« Et de quel droit agissez-vous ainsi envers moi ? » demanda Monks.

« Pourquoi m'y forcez-vous, jeune homme ? » répliqua M. Brownlow en le regardant fixement. « Seriez-vous assez fou pour vous enfuir ? — Lâchez-le ! » poursuivit-il, s'adressant aux deux hommes. « Maintenant, jeune homme, vous êtes libre d'aller où vous voudrez, et nous de vous suivre ; mais je vous jure, par tout ce qu'il y a de plus sacré, qu'aussitôt que vous aurez mis le pied dans la rue, je vous fais arrêter comme faussaire et voleur. Ma résolution est prise !... Vous êtes le maître de faire ce que vous voudrez ; cela vous regarde ; mais s'il vous arrive quelque chose de fâcheux, c'est à vous qu'il faudra vous en prendre. »

« De quel droit, encore une fois, suis-je ainsi arrêté dans la rue et traîné ici de force par ces deux coquins ? » dit Monks regardant fièrement les deux hommes.

« C'est de mon autorité privée, » répondit M. Brownlow. « Ces deux messieurs sont payés par moi pour agir ainsi. Si vous trouvez mal qu'on vous prive de votre liberté, vous aviez le pouvoir et l'occasion de vous sauver, chemin faisant; mais vous avez jugé prudent de rester tranquille, et vous avez bien fait. Je vous le répète, mettez-vous sous la protection de la loi ; j'en appellerai aussi moi-même à la loi ; mais, si vous poussez les choses trop loin pour qu'il vous soit possible ensuite de reculer, n'ayez pas recours à moi pour vous tirer d'un mauvais pas, quand il n'en sera plus temps et que le pouvoir sera passé en d'autres mains ; et ne me reprochez pas de vous avoir jeté dans le gouffre où vous vous serez précipité vous-même. »

Monks fut déconcerté par ces paroles : il hésita.

« C'est à vous de vous décider, » reprit avec fermeté M. Brownlow. « Si vous voulez que je porte plainte en justice et que je vous expose à une condamnation infâme que, quoique je ne la puisse prévoir sans frémir, je ne saurais pourtant changer, vous savez ce qu'il y a à faire ; si, au contraire, vous voulez avoir droit à mon indulgence et à la pitié de ceux que vous avez indignement offensés, asseyez-vous tranquillement sur cette chaise ; elle vous attend depuis deux jours. »

Monks murmura quelques mots inintelligibles, » et parut irrésolu.

« Je vous engage à vous décider promptement, » ajouta M. Brownlow. « Un seul mot de ma bouche, et l'alternative est perdue pour toujours. »

Monks hésita encore.

« Je n'en dirai pas davantage, » continua M. Brownlow. « Et comme je prends les plus chers intérêts d'autres personnes, je n'en ai pas le droit, d'ailleurs. »

« N'y a-t-il point d'autre alternative? » demanda Monks d'une voix tremblante.

« Non, certainement! »

Monks regarda le vieux monsieur d'un air inquiet ; mais ne voyant sur son visage que l'expression de la sévérité et de la détermination, il fit quelques pas dans la salle en haussant les épaules, et finit par s'asseoir.

« Fermez la porte en dehors, » dit M. Brownlow aux deux hommes, « et venez au premier coup de sonnette. »

Ceux-ci obéirent et M. Brownlow resta seul avec Monks.

« Voila de jolis procédés, monsieur, en vérité, de la part d'un ancien ami de mon père ! » dit Monks se débarrassant de son chapeau et de son manteau.

« C'est justement parce que j'étais l'intime ami de votre père, » reprit M. Brownlow. « C'est justement parce que l'espoir de mes jeunes années m'attachait à lui, et que sa sœur qui est morte le jour même que je devais l'épouser, m'a laissé seul sur cette terre ; c'est parce que, encore enfant, il s'est agenouillé avec moi auprès du lit de mort de cet ange de douceur et de bonté qu'il a plu à Dieu de retirer de ce monde à la fleur de son âge; c'est parce que, depuis ce moment, j'ai voué à votre père une amitié que ni ses chagrins ni ses malheurs n'ont jamais réfroidie et qui a duré jusqu'à sa mort; c'est parce que ces souvenirs du passé remplissent mon cœur, que je me sens disposé à vous traiter avec égards. Oui, Edward Leeford, c'est parce qu'en vous voyant je me rappelle votre malheureux père, que je rougis de votre conduite qui vous empêche de porter son nom. »

« Et qu'a de commun le nom avec ce que vous avez à me dire? » demanda Monks étonné de l'agitation de M. Brownlow.

« Rien pour vous, jeune homme, » répartit celui-ci; « rien pour vous, sans doute; mais beaucoup pour moi, et je suis charmé que vous en ayez pris un autre. »

« Tout cela est bel et bon, » dit Monks d'un air effronté, tandis que M. Brownlow, pour cacher son émotion, se couvrit le visage de ses deux mains. » Tout cela est fort beau; mais, où voulez-vous en venir ? »

« Vous avez un frère, » dit avec chaleur M. Brownlow, « un frère dont le nom seul prononcé tout bas à votre oreille, quand j'étais derrière vous, dans la rue, a suffi pour me faire suivre de vous, malgré la répugnance que vous aviez à le faire : »

« Je n'ai point de frère! » reprit Monks.

« Vous n'ignorez pas que je suis fils unique.
« Pourquoi me parler de frère ? Vous savez aussi bien que moi que je n'en ai pas ! »

« Écoutez ce que j'ai à vous dire, » continua M. Brownlow ; « cela ne laissera pas que de vous intéresser. Je sais fort bien que vous êtes le seul et l'indigne fruit d'une fatale union qu'un orgueil de famille et un intérêt sordide ont forcé votre père, jeune encore, à contracter. »

« Je me soucie fort peu de vos épithètes, » interrompit Monks, avec un sourire forcé. « Vous avouez le fait, et c'est assez. »

« Mais je sais aussi quels furent les maux causés par cette fatale union, » poursuivit M. Brownlow. « Je sais combien fut lourde, pour tous d'eux, cette chaîne qu'ils durent porter dans le monde ; aux yeux de ce monde qui n'avait plus de charme pour eux. Je sais que les froides formalités de l'étiquette furent remplacées par les reproches, que l'indifférence fit place au mépris, le mépris au dégoût, et le dégoût à la haine, jusqu'à ce qu'enfin ne pouvant plus se supporter l'un l'autre, ils furent obligés de se séparer. Votre mère supporta très-bien cette séparation, mais il n'en fut pas ainsi de votre malheureux père.

« Eh bien ! Ils furent séparés, » dit Monks. « Qu'est-ce que cela prouve ? »

« Après quelque temps de séparation, » reprit M. Brownlow, « et quand votre mère, lancée dans le tourbillon du grand monde, eut entièrement oublié l'homme qui lui avait été donné pour mari et qui était plus jeune qu'elle de onze ans pour le moins, celui-ci qui jusqu'alors avait mené une vie retirée, fit de nouvelles connaissances. Vous savez déjà *cela*, j'en suis sûr. »

« Non pas ! » dit Monks détournant la vue et frappant du pied contre terre, comme un homme décidé à ne rien avouer. « Je ne sais rien du tout. »

« Votre contenance prouve le contraire, » répartit M. Brownlow. « Je parle de cela, il y a quinze ans, à peu près : vous aviez alors dix ou onze ans et votre père n'en avait que trente, car, je le répète, il n'était qu'un enfant quand son père le força de se marier. Dois-je rappeler un événement que, par respect pour la mémoire de votre père, je voudrais passer sous silence, ou voulez-vous m'en épargner la peine en m'avouant la vérité ? »

« Comme je ne sais rien, je n'ai rien à dire, » répliqua Monks évidemment confus. « Vous pouvez continuer, si vous voulez. »

» Parmi ces nouvelles connaissances que fit votre père, » poursuivit M. Brownlow, « était un officier de marine, veuf depuis six mois et restant seul avec deux enfans. Il en avait eu plusieurs, mais heureusement il avait perdu les autres. C'étaient deux filles : l'une, un ange de beauté qui pouvait avoir dix-neuf ans à cette époque, et l'autre une enfant de deux ou trois ans. »

« Qu'est-ce que cela peut me faire à moi ? » demanda Monks.

« Cet officier de marine, » ajouta M. Brownlow, sans paraître faire attention à l'observation de Monks, « occupait une maison dans cette partie de l'Angleterre que votre père parcourut à l'époque de ses malheurs, et dans laquelle maison il prit un logement. Peu de temps leur suffit pour se lier d'une étroite amitié. Votre père avait des avantages qu'ont peu d'hommes : il était joli garçon et avait un cœur franc et généreux comme sa sœur. Plus le vieil officier le connut et plus il l'aima. Malheureusement il en fut de même avec sa fille. »

M. Brownlow se tut un instant, et Monks les yeux baissés, mordait ses lèvres de dépit.

« Avant qu'un an ne se fût écoulé, » reprit M. Brownlow, « il était lié par serment à cette jeune vierge, victime d'une passion vive et sincère...d'un premier amour enfin. »

« Votre conte est des plus longs, » observa Monks évidemment mal à son aise.

« C'est un récit de malheurs, de chagrins et de misères, jeune homme, » répliqua M. Brownlow; « et de tels contes (comme vous voulez bien dire) sont toujours longs. Enfin un de ces parens pour l'amour duquel votre père avait été sacrifié, comme le sont tant d'autres, vint à mourir; et, comme s'il eût voulu réparer le malheur dont il avait été la cause, il lui légua toute sa fortune qui était considérable. Votre père dut se rendre à Rome où ce parent était allé pour sa santé, et où il mourut sans avoir mis ordre à ses affaires. Il y alla donc et y tomba dangereusement malade. Votre mère qui en reçut la nouvelle à Paris qu'elle habitait alors, partit avec vous sur-le-champ, pour l'aller trouver. Il mourut le jour de votre arrivée, sans avoir fait son testament, de sorte que sa fortune vous échut en partage à tous deux. »

A cet endroit de ce récit, Monks prêta une oreille plus attentive, sans cependant regarder M. Brownlow. Comme ce dernier s'arrêta un instant pour reprendre haleine, le jeune homme respira plus librement, comme un homme qui vient d'être soulagé d'un grand poids, et il essuya son visage et ses mains qui étaient en sueur.

« Avant de s'embarquer, et en passant par Londres, » poursuivit M. Brownlow, regardant fixement celui-ci, « il vint me voir. »

« Je n'ai jamais eu connaissance de cela, » interrompit Monks un tant soit peu interdit.

« Oui, jeune homme, » reprit M. Brownlow; « il vint me voir et me laissa entre autres choses un portrait peint par lui-même...., le portrait de cette pauvre fille qu'il ne pouvait emporter....... Il paraissait accablé par le remords, s'accusait d'avoir causé la ruine et le déshonneur d'une famille, et me confia l'intention qu'il avait de convertir tout son bien en argent (*quoiqu'il dût lui en coûter*), et après vous avoir laissé, à votre mère et à vous, une partie de cet argent, s'enfuir en pays étranger. Je devinai bien qu'il ne s'enfuirait pas seul... Il ne m'en dit pas davantage; il me cacha le reste, à moi son vieil ami, son ami d'enfance! Il promit de m'écrire, de me dire tout et de me revoir une seule et dernière fois, avant de quitter définitivement l'Angleterre. Hélas! je ne devais plus le revoir et je ne reçus même pas de lettre de lui. »

« Quelque temps après sa mort, » continua M. Brownlow, « j'allai moi-même à la demeure du père de la jeune fille, résolu, dans le cas où mes craintes ne se trouveraient que trop fondées, d'offrir asile et protection à une pauvre jeune fille errante, qu'un amour coupable (selon le monde) aurait entraînée à sa perte. Il y avait huit jours qu'ils avaient quitté le pays. Après avoir payé quelques petites dettes criardes, ils étaient partis pendant la nuit. Où, et pourquoi, c'est ce que personne ne put me dire. »

Monks parut se trouver plus à l'aise, et

jeta autour de lui un regard de triomphe.

« Lorsque votre frère, » poursuivit M. Brownlow en se rapprochant de Monks, « pauvre et oprimé, tomba entre mes mains (je ne dirai pas par le plus grand des hasards, mais par les soins de la Providence), et que je le sauvai du vice et de l'opprobre..... »

« Quoi! » s'écria Monks tressaillant d'étonnement.

« Oui, jeune homme, moi-même, » reprit M. Brownlow. « Je vous ai dit que je finirais par vous intéresser. — Je vois bien que votre rusé compagnon ne vous a pas dit le nom de celui qui avait reçu le petit Olivier : il avait sans doute ses raisons pour cela. Lors donc que ce pauvre enfant eut été reçu par moi et qu'il y eut passé tout le temps de sa convalescence, sa ressemblance parfaite avec le portrait dont je vous ai parlé, me frappa d'étonnement. Lors même que je le vis pour la première fois, couvert de haillons, je remarquai de suite sur son visage, une expression langoureuse qui me rappela les traits d'une personne qui me fut bien chère.... Je n'ai pas besoin de vous dire qu'il fut repris par vos *associés* avant que je connusse son histoire. »

« Pourquoi non ? » demanda vivement l'autre.

« Parce que, c'est ce que vous savez fort bien. »

« Moi ! »

« Il est inutile de nier, » dit M. Brownlow. Je vais vous prouver que j'en sais plus que vous ne croyez. »

« Vous ne pouvez rien prouver contre moi ! » balbutia Monks. « Je vous défie de prouver que j'y sois pour quelque chose ! »

« C'est ce que nous allons voir, » reprit M. Brownlow lançant à Monks un regard scrutateur. « Je perdis donc Olivier, et tout ce que je pus faire pour le retrouver fut inutile. Votre mère étant morte, je savais qu'il n'y avait que vous qui puissiez résoudre ce mystère; et comme vous étiez alors aux Grandes-Indes où, à cause de certains méfaits, vous avez dû vous réfugier, pour éviter ici des démêlés avec la justice, j'en fis le voyage. Vous étiez retourné à Londres, depuis quelques mois; j'y revins aussi. Aucun de vos correspondans ne put me dire où vous demeuriez : Vous alliez et veniez (me dirent-ils), sans résider positivement à tel ou tel endroit; menant le même genre de vie qu'avant votre départ pour les Grandes-Indes. Je battis le pavé nuit et jour, dans l'espoir de vous rencontrer, et ce n'est comme vous voyez, qu'aujourd'hui même que j'y suis parvenu. »

« Et me voila ! » dit Monks effrontément en se levant de sa chaise. « Que me voulez-vous enfin ? La *fraude* et le *vol* sont deux forts jolis mots justifiés (selon vous) par une ressemblance imaginaire entre un petit diablotin et un homme qui n'est plus, depuis des années..... Mon frère !.... Vous ignorez même que, de cette liaison criminelle, il en est résulté un enfant..... Vous ne savez même pas cela ! »

« Il est vrai que je l'ai ignoré longtemps, » reprit M. Brownlow se levant à son tour; « mais depuis quinze jours je sais tout. Vous avez un frère, vous n'en ignorez pas, et vous le connaissez qui plus est. Il existait un testament que votre mère a détruit. Vous étiez vous-même dans le secret et vous deviez en profiter après sa mort.

Ce testament était en faveur de l'enfant qui devait probablement naître de cette liaison coupable; cet enfant naquit, et sa ressemblance frappante avec son père, fit que vous le reconnûtes quand le hasard l'amena sur vos pas. Vous vous rendîtes au lieu de sa naissance; vous fîtes supprimer ou plutôt vous supprimâtes vous-même les preuves qui eussent pu justifier de sa parenté. Je puis même, au besoin, vous rappeler vos propres paroles : « *Ainsi les seules choses qui eussent pu servir à prouver l'identité de cet enfant, sont au fond de la rivière. La vieille sibylle qui les a reçues de sa mère est morte depuis long-temps, et ses os sont pourris dans sa bière.* » Indigne fils que vous êtes! Lâche! menteur! Vous qui fréquentez des voleurs et des assassins et qui avez avec eux des entretiens secrets au milieu de la nuit, dans des lieux retirés; vous dont les trames et les complots ont causé la mort de tant de gens comme vous; vous qui dès votre enfance n'avez fait que de la peine à votre malheureux père, et dont les excès en tous genres de vice, sont peints sur votre visage, qu'on peut regarder avec juste raison, comme le miroir de votre âme; vous, Edward Leeford, me bravez-vous encore?»

« Non, non! » s'écria Monks, atterré par ces paroles.

« Chaque mot qui s'est dit entre vous et Fagin (le juif) m'est connu, » dit M. Brownlow. « Les ombres que vous avez vues vous-même sur la muraille, ont retenu vos chuchotemens et me les ont rapportés. La vue de l'enfant persécuté a changé le vice en courage, et je dirai même en vertu. Un assassinat vient d'être commis, assassinat que vous avez commis moralement, si non réellement. »

« Non, non! » s'écria Monks, « j'en suis innocent, je vous assure! j'entrais pour prendre des informations à ce sujet, quand vous m'avez arrêté. Je n'en connaissais pas la cause; j'attribuais cela à toute autre chose. »

« La révélation d'une partie de vos secrets en est la seule cause, » dit M. Brownlow. « Voulez-vous révéler le reste? »

« Oui, oui, certainement!

« Avouer la vérité devant témoins? »

« Je le promets aussi. »

« Rester tranquille jusqu'à ce que j'aie pris d'autres renseignemens, et venir avec moi en tel lieu qu'il sera nécessaire pour attester la vérité du fait? »

« Si vous insistez sur ce point, j'y consens encore, » répliqua Monks.

« J'exige de vous plus que cela, » ajouta M. Brownlow. « Il faut que vous fassiez restitution à votre frère. Bien que ce pauvre enfant soit le fruit d'un amour coupable, il n'en est pas moins votre frère. Vous connaissez les clauses du testament; exécutez-les, quant à ce qui regarde le petit Olivier, et allez ensuite où vous voudrez; — nous n'avons plus besoin de nous revoir dans ce monde. »

Tandis que Monks se promenait de long en large, dans la salle, réfléchissant aux conditions expresses que lui dictait M. Brownlow, et avisant sans doute aux moyens de s'y soustraire, la porte s'ouvrit brusquement, et M. Losberne entra tout ému.

« Il ne peut manquer d'être pris, » s'écria-t-il. « Il sera pris avant ce soir. »

« L'assassin, vous voulez dire?» demanda M. Brownlow. »

« Oui, oui, » reprit le docteur« On a vu son chien aux environs d'une maison qu'il fréquente ordinairement : son maître y est sans doute, sinon il y entrera probablement à la nuit. La police est sur pied; j'ai parlé aux hommes qui sont chargés de l'arrêter, et ils m'ont assuré qu'il ne peut leur échapper. Le gourvernement a fait proclamer une récompense de cent livres sterling à quiconque mettra la main dessus. »

« J'en donnerai cinquante autres, » dit M. Brownlow, et j'en ferai l'offre moi-même sur les lieux, si je puis m'y transporter. Où est M. Maylie? »

« Henri? Aussitôt qu'il vous a su ici en sûreté avec cette inconnu » répondit le docteur, « il a fait seller son cheval et est allé voir ce qui se passe. »

« Et le juif? » demanda M. Brownlow.

« Il n'était pas encore pris quand je me suis informé de tout cela, » répliqua M. Losberne; mais il le sera bientôt, s'il ne l'est pas maintenant. Ils sont sûrs de lui, d'ailleurs. »

« Etes-vous bien décidé? » dit tout bas M. Brownlow, s'adressant à Monks.

« Oui, » répondit celui-ci « vous me promettez le secret? »

« Vous pouvez y compter. Restez-ici jusqu'à mon retour : — c'est le parti le plus sûr pour vous. »

Disant cela, M. Brownlow sortit avec M. Losberne, et ferma à clé la porte de la chambre.

« Quel est le résultat de votre entretien?» demanda le docteur.

« Tout ce que j'en espérais, et même plus, » répondit M. Brownlow. « Je lui ai prouvé qu'il n'y avait pour lui aucun espoir de salut. Faites-moi le plaisir d'écrire, et assignez rendez-vous pour après-demain au soir à sept heures. Nous serons là un peu auparavant; mais il faudra nous reposer un peu, surtout mademoiselle Rose, qui aura besoin de tout son courage pour supporter cette épreuve. Mais il me tarde de venger cette pauvre fille, qui a été si lâchement assassinée. De quel côté sont ils allés? »

« Rendez-vous directement au bureau de police ; vous arriverez encore à temps pour les y rencontrer, » dit M. Losberne. « Je resterai ici, pendant ce temps-là. »

Les deux amis se séparèrent extrêmement agités.

# CHAPITRE VIII.

SIKES EST POURSUIVI, COMMENT IL ÉCHAPPE
A LA POLICE.

Près de cet endroit de la Tamise où est située l'église de *Rotherhithe*, existe de nos jours, le plus sale, le plus étrange et le plus extraordinaire de tous les recoins qui se trouvent dans Londres ; recoin inconnu, même de nom, à la plupart de ceux qui l'habitent. Dans le voisinage, se trouve l'île de Jacob, entourée d'un fossé fangeux, de six à huit pieds de profondeur et de quinze à vingt pieds de largeur, quand la marée est haute : ce fossé s'appelait autrefois *Mill-Pond* et est connu aujourd'hui sous le nom de *Folly-Ditch* : c'est une espèce de bras de la Tamise qu'on peut remplir d'eau aisément, à la marée montante, en levant les écluses de *Lead-Mills*, d'où il tire son ancien nom. De dessus l'un des ponts de bois qui traversent ce fossé, on peut voir les habitans des maisons qui le bordent de chaque côté, puiser de l'eau de leurs fenêtres ou de leurs portes de derrière, avec des baquets, des seaux, et autres ustensiles de ce genre ; et si l'œil se reporte sur l'ensemble des maisons elles-mêmes, l'étonnement sera excité au plus haut point. Des galeries en bois vermoulu (chacune d'elles commune à cinq ou six maisons); des croisées dont les vitres sont pour la plupart en papier et au travers desquelles passent de longues perches, pour sécher du linge qu'on n'y voit jamais, des pièces si petites, si sales, si renfermées, qu'il semble que l'air doit s'y corrompre, dès qu'il y a pénétré, des chambres en bois s'avançant au-dessus de la bourbe dans laquelle elles menacent de tomber ( ce qui est le cas avec quelques-unes d'entre elles); des pans de mur à moitié écroulés et manquant de fondations; en un mot, la misère, dans tout ce qu'elle a de plus affreux et de plus dégoûtant : tel est le spectacle qu'offrent à la vue les rives de *Folly-Ditch*.

Dans l'île de Jacob, les maisons qui servaient anciennement de magasins sont sans toits, les murailles sont en ruines, les fenêtres manquent de châssis, les portes ne tiennent plus à rien et sont prêtes à tomber dans la rue, les cheminés sont noires, mais il n'en sort pas de fumée. Il y a trente ou quarante ans, c'était un quartier commerçant, tandis que maintenant c'est une île déserte. Les bâtimens sont sans propriétaires, et sont occupés seulement par ceux qui ont le courage d'y vivre et d'y mourir. Il faut qu'il y ait un puissant motif pour se cacher, ou qu'il soit réduit au dénûment le plus complet, celui qui cherche un refuge dans l'île de Jacob.

Dans une chambre supérieure de l'une de ces maisons (laquelle, séparée tant soit peu des autres et située comme celles-ci sur le bord du fossé en question, était pourtant plus grande et plus solide que les autres, en ce qu'elle était garnie de portes et de fenêtres capables de résister au besoin), se trouvaient trois hommes se regardant l'un l'autre en silence : l'un était Toby Crackit, l'autre le sieur Chitling, et le troisième, nommé Kags, homme d'une cinquantaine d'années, dont le visage était couvert de meurtrissures et de cicatrices, était un forçat évadé.

« Tu m'aurais joliment fait plaisir, mon cher, » dit Toby s'adressant à Chitling, « d'aller te réfugier partout ailleurs, lorsque Sikes et Fagin sont en danger. »

« Est-il borné ! » reprit Kags, « comme s'il n'y avait pas plusieurs *cassines*, sans venir ici nous compromettre ! »

« Je m'attendais peu à cet accueil flatteur de votre part, » répliqua Chitling, d'un air déconcerté.

« Crois-tu, » répartit Toby « qu'il soit agréable, pour un *jeune homme* comme moi, qui se tient aussi à l'écart que possible et qui a su se conserver son *chez soi*, sans exciter le moindre soupçon, de recevoir à *l'improviste*, la visite d'un *particulier* qui, bien qu'il soit aimable et même *plaisant* au jeu de carte, n'en est pas moins dans une position équivoque? »

« Sourtout quand ce jeune homme a chez lui un ami revenu *des pays lointains* plus tôt qu'on ne l'attendait, et qui est tout à la fois, trop modeste et trop circonspect pour se présenter devant les juges à son retour.» Reprit Kags.

« Quand donc Fagin a-t-il été pris? » demanda Toby Crackit, après un instant de silence.

« Il a été pris à deux heures après midi, juste au moment de son dîner, » répondit le sieur Chitling. « Charlot et moi, nous avons été assez heureux pour nous sauver par la cheminée de la cuisine; quant à Maurice Bolter, il s'était caché dans le cuvier, qu'il avait eu soin de mettre sans dessus dessous, mais ses longues *guibolles* (1), qui dépassaient, l'ont fait découvrir et il a été *pincé* aussi. »

« Et Betsy ? »

« Pauvre Betsy! » dit Chitling d'un air piteux. « Elle est venue pour voir le cadavre, et la révolution que cela lui a fait l'a rendue folle. En s'en revenant elle criait de toutes ses forces dans la rue et faisait mille extravagances; de sorte qu'il lui ont

(1) Jambes. *(Note du traducteur.)*

mis la camisole et ils l'ont conduite à l'hôpital. »

« Qu'est devenu le petit Charlot? » demanda Kags.

« Il est quelque part aux environs, attendant sans doute qu'il fasse nuit pour venir ici, » répondit Chitling. « Il ne peut pas tarder maintenant. Il n'y a pas à dire qu'on puisse aller ailleurs; *la rousse* (1) à commencé par arrêter tous ceux qui se trouvaient aux *Trois-Boiteux*. Heureusement pour moi que j'étais dehors, sans quoi j'y aurais passé comme les autres. La salle du fond et celle d'entrée sont pleines de *loustics* (2) : il y fait chaud je vous assure!

« Voilà qui est vexant! » dit Toby Crackit, se mordant les lèvres. » Il y en a plus d'un qui la *sautera*, dans cette affaire. »

« Les assises sont commencées, » dit Kags; « s'ils *chauffent l'affaire*, si Bolter se porte dénonciateur et témoin à charge contre Fagin (ce dont on ne doit pas douter, d'après ce qu'il a déjà dit), le pauvre vieux juif sera convaincu de complicité du

---

(1) Police. (2) Agens de police. (*Notes du traducteur.*)

meutre, et il la dansera dans six jours, à compter d'aujourd'hui. »

« Il aurait fallu entendre le monde crier après lui! » dit Chitling. « Sans *la rousse*, ils l'auraient déchiré en morceaux. Ils l'ont renversé par terre une fois, et ils l'auraient tué j'en suis sûr, si les *loustics* n'avaient formé aussitôt un cercle autour de lui; mais il peut dire qu'il l'a échappé belle. Il regardait d'un air effaré autour de lui, se cramponnant après eux, comme s'ils eussent été ses meilleurs amis. Je crois encore voir ceux-ci repousser la foule avec beaucoup de peine et entraîner Fagin tout meurtri de coups et le visage couvert de sang. Il me semble entendre encore les huées de la populace qui cherchait à s'emparer du pauvre diable. Les femmes, surtout, criaient plus fort que les autres, et disaient qu'elles voulaient lui arracher le cœur. »

Ayant ainsi dépeint cette scène tragique dont le souvenir seul le remplissait d'horreur, Chitling marcha de long en large dans la chambre, comme un homme qui a perdu la raison.

Tandis que, les yeux baissés et l'oreille au guet, ils paraissaient tous trois ensevelis dans une rêverie profonde, un piétinement se fit entendre dans l'escalier, et le chien de Sikes entra d'un seul bond dans la chambre. Ils regardèrent aussitôt par la fenêtre, mais ils ne virent personne; ils descendirent l'escalier, personne; dans la rue, personne. Le chien était entré par une fenêtre qui était ouverte; mais son maître n'était pas avec lui.

« Que signifie cela? » dit Toby. « Est-ce qu'il s'aviserait de venir ici, par exemple? J'espère bien que non! »

« S'il était pour venir ici, nous l'aurions vu avec son chien, » dit Kags, se baissant pour considérer l'animal qui était tout haletant. « Cette bête a soif; donnez-lui donc de l'eau, quelqu'un! »

« Il a tout bu jusqu'à la dernière goutte, » ajouta-t-il après un moment de silence. « Il est plein de boue et paraît pouvoir à peine se traîner. Il faut qu'il ait joliment couru, et qu'il vienne de loin. »

« D'où peut-il venir? » dit Toby. « Il aura

été aux autres *cassines* (1), sans doute; et ayant vu là un tas de gens qu'il ne connait pas, il sera accouru ici où il est venu tant de fois. Mais comment se fait-il qu'il soit seul ! »

« Il ne se serait pas détruit, pensez-vous? » dit Chitling, n'osant prononcer le nom du brigand.

Toby secoua la tête en signe de doute.

« Si cela était, » reprit Kags, « le chien nous tourmenterait pour que nous l'accompagnions sur les lieux. Non, je ne pense pas. Je crois plutôt qu'il sera passé en pays étranger, et qu'il aura perdu son chien. Il faut qu'il y ait quelque chose comme cela, sans quoi l'animal ne serait pas si tranquille. »

Chacun fut de l'avis du forçat, et le chien, se fourrant sous une chaise, se mit à dormir.

Comme il faisait nuit; on ferma les volets et on mit une chandelle sur la table. Les événemens des deux jours précédens avaient fait une telle impression sur eux, qu'ils tressaillaient au moindre bruit. Ils se rapprochèrent l'un de l'autre, et se par-

(1) Demeures. (*Note du traducteur.*)

lèrent à voix basse, comme si le cadavre de la femme eût été dans la chambre voisine.

Ils étaient depuis quelque temps dans cette position, quand on frappa tout à coup à la porte de la rue.

« C'est le petit Charlot, » dit Kags, cherchant à se dissimuler à lui-même la frayeur qu'il éprouvait.

On frappa de nouveau à coups redoublés.

« Non, ce n'est pas Charlot! Il ne frappe jamais comme cela, » pensèrent les trois amis.

Toby Crackit se hasarda d'aller voir à la fenêtre; mais il se retira tout tremblant : sa pâleur en disait assez. Le chien fut sur pattes en un instant et courut vers la porte en jappant.

« Il faut pourtant *lui* ouvrir, » dit Toby, prenant la chandelle.

« Est-ce qu'il n'y a pas moyen de faire autrement? » demanda le forçat.

« Non; il n'y a pas de milieu; il faut lui ouvrir, » répliqua Toby.

« Ne va pas nous laisser sans lumière, » dit Kags, prenant une chandelle de dessus la cheminée et l'allumant d'une main si tremblante, que les coups de marteau se firent entendre de rechef avant qu'il eût fini.

Crackit descendit ouvrir, et revint accompagné d'un homme ayant la tête enveloppée d'un mouchoir. Plus pâle que la mort, les yeux renfoncés, les joues creuses et une barbe de trois jours, cet homme n'était autre que Sikes, bien qu'on l'eût pris pour son ombre.

Il posa sa main sur le dos d'une chaise, puis venant à tourner la tête, il tressaillit tout à coup et alla s'asseoir sur un autre siége adossé contre le mur.

Pas un mot ne fut échangé entre eux. Il les regarda l'un après l'autre; et si son regard rencontrait le leur, il baissait aussitôt les yeux. Lorsqu'enfin il se décida à parler, les trois autres tressaillirent involontairement : on eût dit qu'ils n'avaient jamais entendu cette voix auparavant.

« Comment se fait-il que ce chien soit ici ? » demanda-t-il.

« Il est venu seul, il y a deux ou trois heures. »

« Le journal de ce soir annonce que Fagin est pris; est-ce vrai, oui ou non ? »

« C'est vrai. »

Il y eut encore un moment de silence.

« Que le diable vous emporte tous ! » dit Sikes, passant sa main sur son front. « N'avez-vous rien à me dire l'un ou l'autre ? »

Ils se regardèrent les uns les autres d'un air embarrassé, mais pas un n'ouvrit la bouche.

« Toi qui es le *patron* (1) ici, as-tu envie de me vendre ou m'y laisseras-tu cacher jusqu'à ce qu'ils soient las de chercher ? Voyons, parle ! » demanda Sikes, s'adressant à Toby Crackit.

« Tu peux y rester, si tu t'y crois en sûreté, » répondit celui-ci, hésitant quelque peu.

Sikes tourna lentement la tête vers la muraille contre laquelle il était adossé, et dit d'une voix creuse :

« Est-elle... l'ont-ils... enterrée ? »

Ils se contentèrent de faire un signe de tête négatif.

« Pourquoi ne l'ont-ils pas enterrée ? » reprit-il en tournant la tête de même qu'auparavant. « A quoi bon garder un cadavre

---

(1) Le maître. *(Note du traducteur.)*

aussi long-temps? — Qui vient de frapper là?»

Toby Crackit fit signe de la main qu'il n'y avait rien à craindre, et étant allé ouvrir la porte, il revint bientôt après avec Charlot Bates.

Aussitôt qu'il eut aperçu l'assassin, ce dernier recula d'horreur.

« Toby, » dit-il, « pourquoi ne m'avoir pas dit cela en-bas? »

Les trois autres pâlirent à cette question de l'enfant, et Sikes, qui s'en aperçut, chercha à l'amadouer. En conséquence il lui fit un signe amical de tête, et lui tendit la main.

Charlot fit trois pas en arrière, et posa la main sur le loquet de la porte, comme s'il eût voulu sortir.

« Est-ce que tu ne me reconnais pas, Charlot? » dit Sikes, s'avançant vers lui.

« N'approchez pas de moi, monstre que vous êtes! » s'écria Charlot, fixant l'assassin avec une expression de terreur et d'effroi.

Sikes s'arrêta: leurs yeux se rencontrèrent, mais il baissa aussitôt les siens.

« Remarquez bien, tous trois, ce que je vous dis, » s'écria Charlot, fermant les poings et s'irritant de plus en plus, à mesure qu'il parlait : « Je ne le crains pas! S'ils viennent ici pour le chercher, je le livrerai moi-même! Je le ferai, aussi vrai que je vous le dis! Il peut me tuer s'il veut ou s'il l'ose; mais je vous déclare que je le livrerai à la police, si je suis ici, quand ils viendront pour le prendre. Dût-il être brûlé vif, je le livrerai! Assassin!... S'il vous restait un peu de cœur à vous, vous le chasseriez d'ici! « Au secours! au secours! à l'assassin! »

Disant cela, il se précipita sur Sikes qui, étourdi par les cris de Charlot et surpris de trouver tant d'énergie et de courage dans un enfant, se laissa terrasser par lui avant d'avoir eu le temps de songer à se défendre.

Les trois autres restèrent stupéfaits et demeurèrent spectateurs silencieux de cette lutte. L'homme et l'enfant roulèrent alternativement sur le plancher; celui-ci paraissant insensible aux coups qui pleuvaient sur lui, se cramponnait de toute sa force après

les habits du brigand, et ne cessait de crier :
« Au secours ! à l'assassin ! »

Le combat cependant était trop inégal pour durer plus long-temps. Déjà, Sikes ayant pris le dessus, avait un genou sur la poitrine de l'enfant, quand Crackit se levant précipitamment de sa place, s'élança vers lui, et le tirant par le collet, lui montra du doigt la fenêtre.

Il y avait une foule de gens à la porte de la rue : on se parlait tout haut ; le bruit des pas et celui des voix arriva jusqu'à eux et les frappa d'épouvante. Le petit pont de bois qui traversait le fossé, était chargé de monde, que la curiosité attirait en ce lieu. Il y avait un homme à cheval parmi cette cohue, car le bruit des fers résonnait sur le pavé. Les lumières brillaient de tous côtés; chacun était aux fenêtres : les voix se firent entendre plus distinctement; la foule s'accrut à mesure qu'elle approchait, et on frappait à coups redoublés à la porte de la rue, comme si on eût voulu l'enfoncer.

« Au secours ! à l'assassin ! » criait Charlot d'une voix perçante. « Il est ici. Au secours ! Enfoncez la porte ! »

« Au nom de la loi, ouvrez ! » criaient à leur tour les gens du dehors.

« Enfoncez la porte! » répétait Charlot. « Ils ne vous ouvriront pas. — Venez droit à la chambre où vous voyez de la lumière; c'est là qu'est l'assassin. »

La porte et les volets commençaient à céder aux efforts des assaillans, et les cris de joie de la multitude donnèrent à Sikes une juste idée du danger qu'il courait.

« N'avez-vous pas quelque endroit ici où je puisse enfermer cet infernal braillard ? » demanda-t-il, marchant dans la chambre comme un furieux, et portant d'une main le jeune Bates, aussi aisément que si c'eût été un paquet de linge sale.

La porte d'un petit cabinet se trouvant sous sa main, il l'ouvrit et y enferma l'enfant.

« Maintenant, » dit-il, « la porte d'en bas est-elle bien fermée ? »

« Aux verroux et à la clé; » répliqua Toby, qui de même que les deux autres, était plutôt mort que vif.

« Les panneaux sont solides ? »

« Doublés en fer. »

« Et les volets ? »

« Les volets aussi. »

« Que le tonnerre vous confonde ? » s'écria l'assassin levant le châssis de la fenêtre, et bravant la foule. « Faites ce que vous voudrez maintenant, je saurai bien vous échapper ! »

A ce défi, des huées se firent entendre parmi la populace effrénée : les uns criaient à ceux qui étaient plus près, de mettre le feu à la maison, les autres faisaient signe aux officiers de police, de tirer sur lui ; mais parmi les plus acharnés était un monsieur à cheval qui étant parvenu à fendre la presse, criait sous les fenêtres de la maison : « *Vingt guinées à celui qui apportera une échelle !* »

Ce cri fut mille fois répété par la foule : les uns s'empressèrent de chercher des échelles, les autres des marteaux pour enfoncer la porte, d'autres coururent çà et là avec des torches allumées en poussant des clameurs affreuses.

« Ils vont envahir la maison ! » s'écria l'assassin, regardant par la fenêtre ; « donnez-moi une corde ! une longue corde, à l'aide de laquelle je puisse me glisser dans le fossé et ensuite jouer des jambes. Encore une fois, donnez-moi vite une corde, ou je suis capable d'en assassiner encore deux ou trois et me tuer ensuite ! »

Toby lui montra du doigt ou se trouvaient ces objets, et l'assassin ayant choisi, parmi plusieurs cordes, la plus longue et la plus forte, monta précipitamment au grenier.

Toutes les fenêtres donnant sur le derrière de la maison, et ayant vue par conséquent sur le fossé, avaient été murées depuis long-temps, à l'exception pourtant d'une petite ouverture éclairant le cabinet où était enfermé Charlot; encore était-elle si étroite qu'il ne pouvait y passer la tête. De cette ouverture, il ne cessait de crier aux gens du dehors, de se porter sur ce point; de sorte que, lorsque l'assassin se montra sur le bord du toit, pour regarder au-dessous de lui, une foule de voix en donnèrent avis à ceux qui étaient sur le devant de la maison, et ceux-ci se refoulèrent en masse vers le fossé.

Ayant barricadé la porte du grenier avec

un morceau de bois qu'il avait pris à cet effet, il sortit par la lucarne et grimpa sur les tuiles.

Il regarda encore une fois au-dessous de lui ; le fossé était à sec.

La foule qui épiait ses mouvemens en silence, incertaine d'abord de ce qu'il voulait faire, n'eut pas plutôt deviné son dessein, qu'elle poussa des cris et des imprécations qui furent répétées de loin en loin, comme si toute la population de la capitale se fût rassemblée en ce lieu pour le maudir.

Les maisons, de l'autre côté du fossé, avaient été envahies par la populace ; les uns en occupaient les terrasses, les autres les fenêtres. Les trois petits ponts de bois ployaient sous le poids des milliers de personnes qui s'y étaient placées, et chacun se haussait sur la pointe des pieds pour apercevoir l'assassin.

« Ils le tiennent maintenant ! » s'écria un homme de dessus l'un des ponts. « Et les acclamations redoublèrent.

« Cinquante livres sterling à celui qui le prendra vivant ! » s'écria à son tour un vieux monsieur tout près de là. « Cinquante livres à celui qui le prendra vivant... Je resterai ici jusqu'à ce qu'il vienne les chercher. »

Au même instant le bruit circula dans la foule, qu'on était enfin parvenu à enfoncer la porte, et que celui qui, le premier, avait demandé une échelle, était entré dans la chambre. Les flots de la multitude se replièrent alors sur eux mêmes, et les gens qui étaient aux fenêtres, s'apercevant de ce mouvement rétrograde, quittèrent aussitôt leurs places et descendirent bien vite dans la rue, joindre le concours du peuple, chacun poussant et se coudoyant, pour arriver devant la porte par laquelle devait sortir l'assassin.

Celui-ci, que l'impossibilité d'une évasion aussi bien que les cris furieux de la populace avaient un tant soit peu déconcerté, s'était d'abord baissé pour se soustraire aux regards de tout ce monde; mais s'étant aperçu de ce changement, aussi subitement qu'il s'était effectué, il se releva résolu, pour sauver sa vie, à faire un dernier effort, en se laissant aller dans le fossé (au risque de se noyer dans la vase), et à profiter de la confusion et de l'obscurité pour s'enfuir.

Rassemblant toutes ses forces et toute son énergie, à l'aspect du danger, et stimulé par le bruit qui se faisait à l'intérieur de la maison dont la porte venait effectivement d'être enfoncée, il passa un bout de sa corde autour d'une souche de cheminées, et l'y attacha solidement; puis, à l'aide de ses mains et de ses dents, il fit, en moins de rien, un nœud coulant avec l'autre bout. De cette manière, il pouvait, au moyen de la corde, se laisser descendre jusqu'à quelques pieds de terre et couper ensuite la corde avec son couteau qu'il tenait tout ouvert dans sa main.

Au moment qu'il tenait le nœud coulant au-dessus de sa tête, pour le passer sous ses bras, et comme le vieux monsieur en question (celui qui avait promis cinquante livres sterling à quiconque arrêterait l'assassin), avertissait ceux qui l'entouraient du dessein de ce dernier, Sikes regarda derrière lui, et se couvrant le visage avec ses deux mains, il jeta un cri de terreur.

« Encore ces vilains yeux ! » s'écria-t-il.

Chancelant comme s'il eût été frappé par la foudre, il perdit l'équilibre et tomba à la renverse, d'une hauteur de trente-cinq pieds, avec le nœud coulant passé autour du cou. La corde s'était raidie comme celle d'un arc, et l'effet en fut aussi prompt que la flèche qu'il lance. Il y eut une rude secousse, puis un mouvement convulsif du corps, et l'assassin resta suspendu, tenant fortement serré dans sa main son couteau ouvert.

La vieille cheminée en fut ébranlée; mais elle résista cependant; le cadavre du brigand se trouvait contre la muraille, justement devant la petite fenêtre du cabinet dans lequel était enfermé Charlot Bates; de sorte que celui-ci qui n'y voyait plus, criait de toutes ses forces qu'on vînt lui ouvrir.

Un chien qu'on n'avait pas aperçu jusqu'alors, se mit à courir de droite et de gauche sur le bord du toit, en poussant d'affreux hurlemens; et prenant son élan, il sauta tout-à-coup sur les épaules du pendu. Ayant manqué son coup il tomba dans le fossé, la tête contre une pierre, et se brisa le crâne.

## CHAPITRE IX.

ÉCLAIRCISSEMENT DE PLUS D'UN MYSTÈRE. PROPOSITION
DE MARIAGE SANS DOT ET SANS ÉPINGLES.

Il n'y avait guère plus de deux jours qu'avaient eu lieu les événemens que nous avons lus dans le chapitre précédent, quand, vers les trois heures de l'après-midi, Olivier se trouva dans une chaise de poste, en compagnie de madame Maylie, de Rose, de madame Bedwin et du bon docteur, tous faisant route pour sa ville natale : dans une autre chaise, à quelque distance derrière, venaient M. Brownlow et un individu dont ils ignoraient le nom.

La conversation ne fut pas très-animée, car Olivier était dans un tel état d'agitation qu'il lui était impossible de donner suite à ses idées, et qu'il avait presque perdu l'usage de la parole. Il en était à peu près de même de ses compagnons de voyage. Bien que les deux dames ainsi que lui connussent la nature des aveux qu'on avait obtenus de Monks et quoiqu'ils sussent que le but de leur voyage était de compléter une œuvre si bien commencée, il y avait encore un certain mystère qu'il fallait pénétrer et qui les tenait en suspens.

M. Brownlow s'était reposé sur le docteur du soin de leur laisser ignorer les événemens affreux qui venaient de se passer. Ils avaient toujours le temps de les apprendre, avait-il dit.

Mais quelles émotions Olivier n'éprouva-t-il pas quand la chaise de poste tourna à cet endroit où la route fait le coude, et où il prit à travers champs, la nuit qu'il s'enfuit de chez l'entrepreneur de funérailles!

« Tenez! » disait-il dans son transport, en prenant la main de Rose : « Voici la barrière par-dessus laquelle j'ai grimpé. Voici la haie le long de laquelle je me suis faufilé pour ne pas être aperçu dans le cas où l'on m'aurait poursuivi. Ce petit sentier que vous voyez là-bas, conduit à la maison où j'ai été élevé, quand j'étais tout petit. — Oh mon pauvre petit Richard, si je pouvais seulement te voir maintenant ! »

« Vous le verrez bientôt, » dit Rose, pressant les mains d'Olivier dans les siennes. « Vous lui direz combien vous êtes heureux, comment vous êtes devenu riche, et que votre plus grand bonheur sera de contribuer au sien. »

« Oui, certainement, » dit Olivier. « Nous le retirerons de là, nous l'habillerons comme il faut, nous l'instruirons et nous l'enverrons dans une campagne agréable, où il puisse devenir fort et bien portant, n'est-ce pas ? »

Rose fit un signe affirmatif, car les larmes qui s'échappaient des yeux de l'enfant l'empêchèrent de répondre.

« Vous serez bonne pour lui, comme vous l'êtes pour tout le monde, » reprit Olivier. « Vous pleurerez, j'en suis sûr, en l'entendant parler ; mais cela ne fait rien, et vous serez heureuse quand, après quelque temps que nous l'aurons retiré de cette maison, vous verrez comme il sera changé : c'est l'effet que cela vous a produit avec moi,

— Il m'a dit : *Dieu te bénisse !* » quand j'ai quitté ces lieux, » poursuivit l'enfant avec émotion. «Je lui dirai aussi, *Dieu te bénisse !* et je lui montrerai combien je lui sais gré de ce souhait. »

A mesure qu'ils approchaient de la ville, il fut impossible à Olivier de maîtriser ses transports. Ce fut la boutique de Sowerberry qui s'offrit d'abord à ses regards, un peu plus petite peut-être, et un peu moins imposante; mais cependant c'était bien la même; puis la charrette de *Gamfield*, le ramoneur, arrêtée devant la porte d'un cabaret; puis le *dépôt de mendicité* (la triste prison de son enfance), avec ses fenêtres à moitié murées sur la rue et toujours le même portier, les bras croisés devant la porte. La vue de cette maison lui serra le cœur : il tressaillit involontairement et rit ensuite de sa sottise ; il rit et pleura tour à tour. Aux fenêtres et aux portes étaient des personnes qu'il se rappelait avoir vues. Il lui semblait n'avoir quitté cette maison que de la veille, et que le bonheur dont ils jouissait depuis quelque temps n'était qu'un rêve.

Ils descendirent à la porte d'un des plus

beaux hôtels qu'Olivier considérait jadis comme un palais magnifique et qui, comme de raison, avait un peu perdu, aux yeux de l'enfant, de sa richesse et de son élégance. Ils furent reçus par M. Grimwig qui les y attendait et qui les embrassa tous, quand ils descendirent de voiture, comme s'il eût été le grand-père de cette nombreuse famille. Il ne lui arriva pas une seule fois d'offrir de *manger sa tête*, quoiqu'il voulut prouver au postillon cependant que le chemin que celui-ci avait pris pour venir, était le plus long, bien que lui-même ne fût venu qu'une seule fois dans l'endroit, et qu'il eût dormi tout le long de la route. Le dîner était sur la table, les chambres étaient préparées et tout se trouva prêt comme par enchantement.

Malgré tout cela, lorsque le tracas du premier moment eut cessé, les figures se rembrunirent et le silence prévalut de nouveau. M. Brownlow ne vint pas rejoindre ses amis à l'heure du repas, mais il dîna dans une autre chambre, avec l'étranger sans doute. Les deux autres messieurs parurent distraits tout le temps du dîner, et quittèrent plusieurs fois la table. Madame Maylie, sortit elle même, et après une absence de plus d'une heure, elle rentra ayant les yeux rouges comme si elle eût pleuré. Toutes ces choses ne laissaient pas que d'attristrer Rose et Olivier qui n'étaient point encore initiés à de nouveaux secrets. Ils restèrent assis en silence, ou bien s'ils échangèrent quelques paroles, ce fut à voix basse.

Enfin, comme neuf heures venaient de sonner et qu'ils commençaient à croire que la soirée se passerait ainsi, sans qu'ils en sussent davantage, M. Losberne et M. Grimwig entrèrent suivis de M. Brownlow et d'un étranger à la vue duquel Olivier fit une exclamation de surprise, car on lui dit que c'était son frère, et il le reconnut pour le même individu qu'il avait rencontré en sortant du bourg où il était allé porter une lettre pour madame Maylie, et qu'il avait vu avec Fagin, à la fenêtre de son petit cabinet d'étude. L'étranger ne put cacher la haine que lui inspira la vue d'Olivier, et il s'assit près de la porte. M. Brownlow, qui avait une liasse de papiers à la main, s'avança vers la table à côté de laquelle Rose et Olivier était assis.

« C'est une tâche pénible à remplir, sans doute » dit-il; « mais il est nécessaire que ces déclarations qui ont été signées à Londres, devant témoins, soient répétées ici. J'aurais voulu vous en épargner la honte, mais il est important que nous les entendions de votre propre bouche ; et vous savez pourquoi. »

« Dépêchons-nous, alors ! » répondit l'étranger, se tournant de côté. « Il me semble pourtant que j'en ai déjà dit assez. »

« Ce petit garçon, est votre frère, » dit M. Brownlow, attirant Olivier vers lui et posant sa main sur la tête de l'enfant. « C'est le fils naturel de mon meilleur ami, Edwin Leeford, votre père, et de la jeune et malheureuse Agnès Fleming qui mourut en lui donnant le jour. »

« Oui, » répliqua Monks lançant un regard de mépris à Olivier qui tremblait de tous ses membres et dont on eût pu entendre palpiter le cœur. C'est le fruit illégitime de leur commerce criminel : c'est leur bâtard enfin. »

« L'expression dont vous vous servez, » reprit M. Brownlow, d'un ton sévère, « est un reproche pour ceux qui sont depuis long-temps au-delà de la censure de ce monde. Laissez cela, croyez moi. Il est né dans cette ville? »

« Au dépôt de mendicité de cette ville » répondit Monks « vous avez là toute son histoire d'ailleurs, » ajouta-t-il en montrant du doigt les papiers qui étaient sur la table.

« Je vous ai déjà dit qu'il est nécessaire que je l'entende de votre propre bouche, » répliqua M. Brownlow.

« Écoutez-donc, » reprit Monks. « Mon père étant tombé dangereusement malade, à Rome où il était allé pour affaires, comme vous savez, ma mère, dont-il était séparé depuis long-temps, et qui habitait Paris à cette époque, se rendit bien vite avec moi auprès de lui, dans son intérêt à elle-même et seulement pour s'emparer de sa fortune, car je ne sache pas qu'elle ait jamais eu beaucoup d'affection pour lui, ni lui pour elle. Il n'en sut rien, car, lorsque nous arrivâmes, il avait perdu connaissance et il resta dans cet état jusqu'au lendemain matin qu'il mourut. Parmi ses papiers, se trouvait un paquet sous enveloppe, lequel était daté du premier jour de sa maladie et adressé à vous-même, avec recommandation expresse, écrite de sa main sur le revers de l'enveloppe, de ne l'envoyer qu'après sa mort. Ce paquet renfermait une lettre assez insignifiante pour Agnès Fleming, ainsi qu'un testament en faveur de cette fille. »

« Que contenait cette lettre ? » demanda M. Brownlow.

« L'aveu de sa faute et des vœux pour la jeune fille » répondit Monks, « rien autre chose. Il lui avait fait croire que certain mystère qu'il lui expliquerait un jour, l'empêchait de se marier, et la jeune fille s'était confiée à lui, jusqu'à ce que la confiance fût portée trop loin et qu'elle eût perdu ce que personne ne pouvait lui rendre. Elle était enceinte de quelques mois à cette époque. Il lui disait dans cette lettre tout ce qu'il avait fait pour cacher son déshonneur, et il la priait, dans le cas où il viendrait à mourir, de ne pas maudire sa mémoire ou de ne pas croire que son enfant et elle-même dussent être les victimes de sa faute, car lui seul était la cause de tout le mal. Il lui rappelait le jour où il lui avait donné le médaillon et la bague sur laquelle il avait fait graver son nom de baptême à elle, se réservant d'y joindre le sien qu'il espérait lui faire porter un jour. Il lui recommandait de garder soigneusement ce médaillon et de le porter sur son cœur, comme auparavant. Il lui disait en outre un tas de fariboles de ce genre, comme un homme qui n'a plus la tête à lui, ce que je suis vraiment tenté de croire.»

« Quant au testament, » dit M. Brownlow, remarquant que de grosses larmes s'échappaient des yeux d'Olivier. « Je me charge de vous en dire la teneur. Il était dicté dans le même esprit que la lettre. Votre père s'y plaignait des chagrins que sa femme lui avait causés et de votre mauvais naturel à vous, son fils unique, qu'on avait appris dès votre enfance à le haïr. Il vous laissait, à votre mère et à vous, chacun une pension viagère de huit cents livres. Le reste de son bien était divisé en deux portions égales, l'une pour Agnès Fleming, l'autre pour l'enfant auquel elle devait donner le jour, dans le cas où il naîtrait et qu'il parvînt à l'âge de majorité. Si c'était une fille, elle devait jouir de sa part, sans aucune condition; mais, si au contraire, c'était un garçon, il ne devrait recueillir cet héritage, qu'à condition que, pendant sa minorité, il ne déshonorerait jamais son nom par quelque acte de lâcheté ou de félonie. Il agissait ainsi (disait-il) pour prouver la confiance qu'il avait en la mère et la certitude que son enfant aurait, comme elle, un cœur noble et généreux. Dans le cas contraire, l'argent devait vous revenir.

« Ma mère, » dit à son tour Monks, d'un ton plus haut, « fit ce que, toute femme à sa place aurait fait : elle brûla le testament. La lettre ne parvint jamais à son adresse, mais elle resta entre les mains de ma mère, ainsi que d'autres preuves, dans le cas où la jeune Agnès viendrait à nier son déshonneur. Le père de cette jeune fille connut toute la vérité par ma mère qui n'épargna point la calomnie pour satisfaire sa vengeance et assouvir la haine qu'elle portait à cette Agnès. Accablé de chagrin, ce brave homme s'enfuit avec ses enfans, dans un village retiré du pays de Galles et changea de nom, afin que ses amis ne connussent point le lieu de sa retraite. Après quelques mois de séjour dans cet endroit, on le trouva mort dans son lit. Sa fille ayant quitté le pays une quinzaine auparavant, il avait parcouru tout le voisinage à pied, marchant nuit et jour pour la chercher; et c'est le soir même qu'il revint de son excursion, avec l'idée que la malheureuse s'était probablement détruite pour cacher leur déshonneur, qu'il mourut de chagrin. »

Il y eut un instant de silence après lequel M. Brownlow prit la parole.

« Quelques années après, » dit-il, « la mère d'Édouard Leeford ici présent, vint me trouver (il n'avait guère que dix-huit ans, alors). Après lui avoir volé son argent et ses bijoux, dissipé son bien, joué à la roulette, fait des faux et autres bassesses de ce genre, il s'était réfugié à Londres où, pendant deux ans, il ne fréquenta que des gens sans aveu et des mauvais sujets comme lui; enfin. Cette femme avait une maladie incurable qui devait la conduire lentement au tombeau, et elle désirait revoir son fils avant de mourir. Après bien des recherches, elle parvint enfin à le découvrir, et ils retournèrent ensemble en France. »

« Où elle mourut au bout de quelques mois, » reprit Monks, » après m'avoir confié tous ces secrets et m'avoir légué la haine qu'elle portait à cette Agnès (bien que ce fût inutile, car je la partageais depuis longtemps). Elle ne voulut jamais croire que cette fille se fût détruite; mais elle pensa au contraire qu'elle avait dû accoucher d'un garçon qui vivait encore. Je jurai la perte de cet enfant, si jamais le hasard me le faisait rencontrer. Ma mère ne s'était pas trompée : j'eus l'occasion de le voir, et sa ressemblance avec mon père me fit deviner que c'était lui. Je tins fidèlement ma promesse : j'avais déjà bien commencé, il eut été à souhaiter que j'eusse fini de même !... et si je n'avais été trahi par une maudite prostituée qui a vendu la mèche, j'aurais certainement réussi ! »

Tandis que Monks exhalait ainsi sa rage impuissante, M. Brownlow expliqua à ses amis comment le juif avait été le complice et le confident de cet homme; comme quoi, pour tenir Olivier caché ou en faire un voleur, il en avait reçu une forte somme d'argent dont il devait rendre une partie, dans le cas où cet enfant viendrait à s'échapper, et que ce fut à la suite d'une contestation à ce sujet qu'ils étaient venus ensemble à la maison de campagne de madame Maylie, le jour où Olivier fut si effrayé de les voir tous deux à la fenêtre de sa petite salle d'étude.

« Le médaillon et la bague? » demanda M. Brownlow, s'adressant à Monks.

« Je les ai achetés de ces gens dont je vous ai parlé, » répondit Monks, sans lever les yeux. « Vous savez ce que j'en ai fait. »

M. Brownlow fit signe à M. Grimwig qui sortit aussitôt et revint incontinent accompagné des époux Bumble qui paraissaient faire quelque difficulté pour entrer.

« Mes yeux ne me trompent-ils pas! » s'écria M. Bumble avec un enthousiasme affecté. « Est-ce bien là le petit Olivier!..... Oh! mon cher Olivier, que de peines votre départ m'a causées, mon ami! »

« Taisez-vous vieux fou ! » dit tout bas madame Bumble.

« C'est plus fort que moi, madame Bumble, » reprit le maître du dépôt de mendicité, « c'est un sentiment tout naturel. Moi qui l'ai élevé d'une manière toute *paroissiale*, quand je le revois entouré de dames et de messieurs de *la haute volée*, ne dois-je pas être surpris *superlativement*. — J'ai toujours eu autant d'affection pour cet enfant, que s'il eût été mon... mon grand-père, » dit M. Bumble, cherchant dans sa tête une juste comparaison. « Cher petit Olivier ! — Vous vous rappelez bien, mon ami, ce digne monsieur en gilet blanc ? Nous l'avons porté en terre, il y a huit jours, dans un cercueil garni de poignées en argent. Hélas oui, le cher homme, il est, depuis la semaine dernière, dans le séjour des bienheureux, Olivier ! »

« Voyons ! » interrompit brusquement M. Grimwig, » trêve de sentimens ! »

« Je m'en vais faire mon possible pour me contenir, » répliqua M. Bumble. « Comment vous portez-vous, monsieur ? J'espère que je vous trouve en bonne santé ? »

Ce salut amical s'adressait à M. Brownlow qui s'étant approché du respectable couple, demanda en montrant du doigt Monks :

« Connaissez-vous monsieur ?

« Non, » répondit sèchement madame Bumble.

« Vous ne le connaissez sans doute pas non plus ? » dit M. Brownlow s'adressant au mari.

« Je ne l'ai jamais vu de ma vie ni de mon vivant, répliqua M. Bumble.

« Vous ne lui avez jamais rien vendu, peut-être ?

« Non, jamais, » répondit la dame.

« Vous n'avez point eu non plus en votre possession, certain médaillon et certaine bague, n'est-ce pas ? » poursuivit M. Brownlow.

« Non, certainement ! » reprit la matrone. « Est-ce pour répondre à des questions aussi insignifiantes qu'on nous fait venir ? »

M. Brownlow fit signe de nouveau à M. Grimwig qui disparut lestement et reparut de même, accompagné cette fois de deux vieilles femmes à demi paralytiques qui le suivaient d'un pas chancelant.

« Vous avez eu bien soin de fermer la porte, la nuit que la vieille Sally est morte, » dit l'une des deux femmes, levant sa main tremblante; « mais nous n'en avons pas moins entendu votre conversation au travers des fentes de la porte. »

« Ah! ah! vous ne vous doutiez guère de cela, » dit l'autre en branlant la tête. « Ah! ah! ah! »

« Nous regardions par le trou de la serrure, et nous vous avons vu lui prendre un papier qu'elle tenait à la main! » reprit la première. « Et le lendemain nous vous guettions, quand vous avez été au Mont-de-Piété! »

« Ah! ah! » fit la seconde en ricanant. « Et qui plus est, c'était pour retirer un médaillon et une bague d'or. Nous étions tout près quand on vous a remis ces objets, ah! ah! »

« Et nous en savons même plus que vous, là-dessus, » répartit la première; « car la vieille Sally nous a souvent répété que cette jeune fille lui avait dit que sentant bien qu'elle ne pourrait jamais surmonter son chagrin, elle se rendait à Rome, (lorsque les premières douleurs de l'enfantement la forcèrent de s'arrêter ici), résolue de s'y laisser mourir sur la tombe du père de son enfant.

« Désirez-vous voir le commis du Mont-de-Piété? » demanda M. Grimwig, se dirigeant vers la porte.

« Ce n'est pas la peine, répondit la matrone. « Puisque monsieur a été assez lâche pour avouer, et que vous avez su tirer les vers du nez de ces vieilles sorcières, je n'ai plus rien à dire. J'ai vendu ces objets, il est vrai, et ils sont où vous ne pourrez jamais les trouver. En êtes-vous plus avancés maintenant? »

« Non, » reprit M. Brownlow; « mais c'est à nous *maintenant*, de faire en sorte que vous ne soyez plus investis désormais de la confiance qu'on vous a accordée jusqu'alors. Vous pouvez vous retirer. »

« J'espère, » dit M. Bumble, regardant d'un air piteux autour de lui, au moment où M. Grimwig disparut avec les deux vieilles paralytiques, « j'espère que cette fâcheuse circonstance, qui n'est rien en elle-même, ne me privera pas de ma charge *paroissiale?* »

« Détrompez-vous, » répliqua M. Brownlow. « Il faut vous y attendre et vous trouver encore heureux d'en être quitte à si bon marché. »

« Je n'y suis pour rien, je vous le jure! » reprit M. Bumble, après s'être assuré que la matrone avait quitté la salle. « C'est madame Bumble qui a tout fait. »

« Ceci n'est pas une excuse, » répartit M. Brownlow. « Vous étiez présent quand les objets ont été détruits et vous êtes, aux yeux de la loi, plus coupable que votre femme, car elle est censée avoir agi d'après vos ordres. »

« Si la *loi* suppose des choses pareilles, » dit M. Bumble pressant fortement son chapeau entre ses mains, « la *loi* est une sotte. .... La *loi* n'est qu'une vieille fille.... Si elle était mariée, elle penserait tout autrement. »

Ayant dit ces mots d'un ton emphatique, il enfonça son chapeau sur sa tête, mit ses mains dans les poches de sa redingote et descendit rejoindre sa moitié.

« Vous, ma belle enfant, donnez-moi votre main, » dit M. Brownlow se tournant vers Rose. « Ne tremblez pas ainsi! vous n'avez pas besoin de craindre pour le peu de mots qu'il nous reste à dire. »

« S'ils ont rapport à moi (bien que je ne sache pas en quoi ils pourraient me concerner), dit Rose. « dispensez-moi, pour aujourd'hui, de les entendre. Je n'en ai maintenant ni la force ni le courrage. »

« Vous avez plus de fermeté que cela, j'en suis sûr », répartit M. Brownlow, la prenant par le bras. — « Connaissez-vous cette jeune demoiselle? » poursuivit-il en s'adressant à Monks.

« Oui, » répondit celui-ci.

« Je ne vous ai jamais vu auparavant, » dit Rose d'une voix faible.

« Je vous ai vue souvent moi, » reprit Monks.

« Le père de la malheureuse Agnès avait deux filles, » dit M. Browlow. « Qu'est devenue la plus jeune! »

« Lorsque le père mourut, sous un nom supposé, sans laisser aucun papier qui pût faire connaître ses amis, répliqua Monks, la plus jeune qui n'était qu'une enfant, adoptée par de pauvres gens du village qui l'élevèrent comme la leur. »

« Poursuivez, » dit M. Brownlow faisant signe à madame Maylie d'approcher.

« Vous ne pûtes trouver l'endroit où cet homme s'était retiré, » reprit Monks; « mais là où l'amitié échoue, souvent la haine réussit : ma mère finit par découvrir l'enfant, après un an de recherches. »

« Elle la prit, n'est-ce pas ? »

« Non, ces braves gens étaient fort pauvres, et cette action d'humanité les mit encore plus à la gêne. L'homme finit par tomber malade; ce que voyant ma mère elle leur laissa la petite fille, leur remettant une modique somme d'argent qui ne devait pas durer long-temps, et leur en promettant une plus forte qu'elle n'avait pas l'intention de leur envoyer. Ne trouvant pas que l'état de misère dans lequel ils étaient fût une cause assez grande pour les indisposer contre cette enfant, elle leur raconta, à sa manière, l'histoire de la sœur, en leur disant que s'ils n'y faisaient attention la petite qu'ils élevaient deviendrait certainement comme elle, car elle provenait de parens sans principes et était elle-même une enfant illégitime. Ces bonnes gens ajoutèrent foi à tout ce que leur dit ma mère; et l'enfant traîna une misérable existence, jusqu'à ce qu'une dame veuve qui demeurait à Chertey, ayant vu par hasard cette petite, en eut pitié et l'adopta. — Il faut qu'il y ait un sort contre nous, car, en dépit de tous nos efforts, elle resta chez cette dame et fut heureuse. Je l'avais perdue de vue, depuis deux ou trois ans et je ne l'ai revue qu'il y a quelques mois. »

« Vous la voyez maintenant? »

« Oui, appuyée sur votre bras. »

« Mais elle n'en est pas moins ma nièce, » s'écria madame Maylie, pressant la jeune fille sur son cœur. « Elle n'en est pas moins ma chère enfant. Je ne voudrais pas la perdre maintenant pour tous les trésors du monde. Ma douce compagne! Ma fille d'adoption! Mes plus chères espérances!

« Vous êtes la seule amie que j'aie dans ce monde, s'écria Rose passant ses bras autour du cou de la dame. « Vous fûtes pour moi la meilleure des amies, la plus tendre des mères. Ah! c'en est trop pour mon cœur; je ne puis supporter tout cela! »

« Rassurez-vous, mon ange, » dit madame Maylie, l'embrassant tendrement; « et rappelez-vous qu'il en est d'autres à qui vous êtes chère. Voyez cet intéressant enfant qui vous tend les bras. »

« Rose! ma chère Rose! » s'écria Olivier se précipitant vers la jeune fille. « Je ne veux point vous appeler ma tante, vous fûtes pour moi une bonne sœur; je veux vous considérer désormais comme une sœur chérie. Ah! quelque chose me disait bien aussi dès le commencement que je vous connus, que je devais vous aimer tendrement! »

. . . . . . . . . . . . .

Respectons les larmes que répandirent, sur le sein l'un de l'autre, les deux orphelins. Que le doux épanchement de deux cœurs sensibles soit sacré pour nous! Un père, une mère une sœur furent trouvés et perdus, dans le même instant. Le chagrin et la joie furent mélangés dans la coupe; mais les larmes ne furent point amères, car les scènes pénibles du passé furent remplacées par de riants souvenirs qui en adoucirent l'amertume.

Ils restèrent seuls bien long-temps. Un léger coup à la porte de la chambre annonça que quelqu'un désirait entrer. Olivier courut ouvrir et s'esquiva aussitôt pour faire place à Henri Maylie.

« Je sais tout! » dit-il en s'asseyant auprès de la jeune fille. « Rose, ma bien-aimée, je suis instruit de tout! »

Ce n'est pas le hasard qui m'amène en ces lieux, » ajouta-t-il après un silence prolongé, « et ce n'est seulement que d'hier que j'ai connaissance de tout ce qui vous concerne. — Vous n'ignorez pas sans doute que je suis venu pour vous rappeler votre promesse? »

« Un moment! » dit Rose. « Vous savez tout? »

« Oui. Vous m'avez permis de renouveler, dans le cours de l'année, le sujet de notre dernier entretien. »

« C'est vrai. »

« Non pas pour vous presser de changer de résolution, » poursuivit le jeune homme, « mais pour vous l'entendre répéter encore une fois. Je devais déposer à vos pieds mon rang et ma fortune et, dans le cas où vous persisteriez dans votre première détermination, je me suis engagé sur l'honneur à ne rien faire pour vous en détourner. »

« Les mêmes raisons qui me faisaient agir alors, existent encore aujourd'hui, » dit Rose avec fermeté. « Je me dois plus que jamais à celle qui m'a sauvé du malheur et de la misère. Cette résolution exige de ma part un combat intérieur que je serai orgueilleuse de soutenir; c'est pour mon cœur une angoisse de plus qu'il me faudra endurer. »

« La révélation de ce soir, » dit Henri.

« La révélation de ce soir, » reprit doucement Rose, « me laisse dans la même position, quant à vous. »

« Vous endurcissez votre cœur contre moi, Rose! » interrompit le jeune homme.

« Oh, Henri! Henri! » dit Rose fondant en larmes; « je voudrais le pouvoir et m'épargner cette peine. »

« Eh bien, alors, » dit Henri en lui prenant la main; « pourquoi vous l'imposer à vous-même cette peine? Réfléchissez, Rose, je vous prie, réfléchissez à ce que vous avez appris ce soir. »

« Et qu'ai-je appris, mon Dieu? » s'écria Rose : « que le sentiment de sa honte et de son déshonneur a tellement agi sur mon malheureux père, qu'il n'a pu supporter son malheur..... Maintenant, Henri, nous en avons dit assez. »

« Non pas, » reprit le jeune homme, retenant Rose par le bras, comme elle se disposait à se retirer. « Mes désirs, mon espoir, mon avenir, tout enfin, excepté mon amour pour vous, à subi un changement. Je ne vous offre plus maintenant un rang distingué dans le monde, où certains préjugés font rougir même l'innocence; non, ma bien-aimée, il ne me reste plus à vous offrir qu'une existence douce et paisible et un cœur qui vous appartient tout entier. »

« Que signifie cela? » dit Rose d'une voix mal assurée.

« Cela signifie, » poursuivit Henri, « que lorsque je vous quittai, la dernière fois que je vous vis, ce fut avec la ferme intention d'applanir toute les difficultés imaginaires et de franchir tous les obstacles qui s'oppo-

saient à notre union, en renonçant au brillant avenir que m'offraient la fortune et le pouvoir : c'est ce que j'ai fait. — Ces amis puissans, ces parens haut placés qui me protégeaient à l'envi et qui hâtaient mon avancement, se sont retirés de moi, parce que je me suis retiré d'eux; ils ne me regardent plus maintenant qu'avec indifférence. Mais, dans un des plus beaux comtés de l'Angleterre, au milieu de rians côteaux et de vertes prairies, est une petite église de village qui m'appartient, Rose, et dont je suis le pasteur; et près de cette église est le presbytère, habitation rustique que vous embellirez par votre présence et que vous me ferez préférer mille fois à toutes les dignités auxquelles j'ai renoncé. Tel est le rang que j'occupe dans le monde et que je me trouverais si heureux de partager avec vous. » . . . . . . . . . .
. . . . . . . . . . . . .

« Il n'y a rien de plus désagréable que d'attendre après des amoureux pour souper, » dit M. Grimwig, qui s'était endormi sur sa chaise.

Le fait est qu'on avait annoncé le souper

depuis long-temps, et que ni madame Maylie, ni Henri, ni Rose, qui entrèrent en ce moment, n'avaient pas d'excuse à donner pour s'être fait ainsi attendre.

« J'avais bien envie de manger ma tête, ce soir, » poursuivit M. Grimwig, « craignant bien n'avoir rien autre chose à manger. — Je prendrai la liberté, si voulez bien me le permettre, d'embrasser la jolie fiancée. »

M. Grimwig mit aussitôt sa proposition à exécution : il embrassa la jeune fille, qu'un sentiment de pudeur fit rougir extrêmement; et l'exemple étant devenu contagieux, le docteur et M. Brownlow en firent autant. Quelques-uns prétendent qu'Henri Maylie n'avait pas attendu, pour embrasser sa prétendue, que la proposition en fût faite; mais j'ai peine à croire cela, de la part d'un jeune ecclésiastique.

« Qu'a donc Olivier ? » dit madame Maylie. « D'où vient-il, qu'il a l'air si triste ? Il me semble que je vois de grosses larmes s'échapper de ses yeux. Que peut-il lui être arrivé ? ». . . . . . . . . . .

. . . . . . . . . . .

Il est, dans ce monde, une foule de déceptions amères pour ces projets d'avenir que nous nous plaisons tant à former, et qui font bien souvent le plus d'honneur à notre nature. —..... Le pauvre petit Richard était mort !

## CHAPITRE X.

LE DERNIER JOUR D'UN CONDAMNÉ.

La cour d'assises était tapissée de figures humaines, depuis le parquet jusqu'au plafond. Le moindre espace, le plus petit recoin était occupé. Des galeries, du parquet, du banc des jurés, de celui des témoins, tous les regards étaient fixés sur le juif. Devant lui, derrière lui, au-dessus, au-dessous, à droite, à gauche, il était, pour tous, l'objet de la curiosité la plus vive et de l'attention la plus scrupuleuse.

Au milieu de tout ce monde, il était là, une main appuyée sur la rampe de bois qui était devant lui, l'autre à son oreille et la tête penchée en avant, pour mieux entendre l'acte d'accusation que l'avocat général lisait à messieurs les jurés. De temps en temps il portait sur eux des regards avides pour voir s'il ne découvrirait point sur leurs traits la moindre chance en sa faveur ; et quand les charges portées contre lui étaient prouvées par trop clairement, il regardait d'un œil inquiet son conseil, comme pour le presser de dire quelque chose pour sa défense. La crainte et l'anxiété le rendaient immobile. Il n'avait pas bougé, depuis le commencement des débats, et maintenant que l'avocat général avait cessé de parler, il resta dans la même position, le cou tendu et les yeux fixés sur ce dernier.

Un léger bruit, dans la salle, le rappela à lui-même. Il tourna la tête et s'aperçut que les jurés s'étaient assemblés pour délibérer. Comme ses yeux erraient autour de la galerie, il put distinguer le monde qui se pressait pour le voir : les uns, se haussant sur la pointe des pieds, braquaient sur lui leurs lorgnons; les autres, se parlant tout bas entre eux, paraissaient le considérer avec horreur. Quelques personnes tournaient toute leur attention vers le jury et s'impatientaient de la lenteur qu'il mettait à se prononcer ; mais de toutes ces personnes, même parmi les femmes qui étaient en grand nombre, il n'y en avait pas une sur le visage de laquelle il pût deviner de la pitié pour sa position, ou tout autre sentiment que le désir de l'entendre condamner.

Comme il comprit cela d'un seul coup d'œil, l'image de la mort se présenta à son esprit; et, ramenant ses regards vers la cour, il s'aperçut que le chef des jurés adressait la parole au président. — Chut!

C'était seulement pour demander la permission de se retirer.

Il les envisagea les uns après les autres, afin de deviner, s'il lui était possible, pour quel parti penchait le plus grand nombre; mais inutilement. Le géôlier lui ayant donné un petit coup sur l'épaule, il le suivit machinalement jusqu'à l'extrémité du banc des accusés, pour y attendre le retour du jury. Il s'assit sur une chaise que l'homme lui montra du doigt, car il ne l'aurait pas aperçue.

Il promena de nouveau ses regards autour de la salle : quelques personnes, profitant de l'absence de la cour, mangeaient des gâteaux dont elles s'étaient pourvues avant d'entrer; d'autres s'éventaient avec leurs mouchoirs, car il faisait une chaleur excessive. Ayant remarqué assez près de lui un jeune homme occupé à esquisser son portrait, il fut curieux de savoir s'il était ressemblant, et se pencha pour regarder, tandis que l'artiste taillait son crayon. Si ses yeux s'arrêtaient sur l'un des juges, il s'occupait aussitôt des moindres détails de ses vêtemens, la forme de sa robe, ce qu'elle pouvait coûter, et de quelle manière il s'y prenait pour la mettre. Il y avait un gros monsieur, au banc des témoins, qui s'était absenté, pendant près d'une demi-heure, et qui vint se rasseoir à sa place ; il se demanda à lui-même si ce monsieur ne serait pas allé dîner, ce qu'il avait mangé, et dans quel restaurant il avait dû entrer : c'est ainsi qu'un rien l'occupait jusqu'à ce qu'un autre objet, venant à frapper sa vue, le ramenait à d'autres pensées aussi futiles.

Mais au milieu de ces pensées, l'idée d'une mort affreuse ne l'en poursuivait pas moins ; elle était toujours présente à son imagination, mais d'une manière vague. Il ne pouvait, ou plutôt il n'osait y arrêter son esprit. Ainsi, lorsqu'il se retournait en tous sens sur sa chaise, et qu'il suait à grosses gouttes, à l'idée du supplice, si par hasard son regard rencontrait la grille qui était devant lui, il en comptait les barreaux, s'étonnant de ce qu'il y en eût un de rompu, depuis combien de temps il était dans cet état, et si on ne le ferait pas raccommoder. Alors il se représentait toutes les horreurs du gibet et de l'échafaud, et s'arrêtait presque aussitôt à considérer machinalement l'homme qui arrosait le parquet pour rafraîchir la salle.

Tout-à-coup le silence se rétablit, et tous les regards se portèrent vers la porte latérale par laquelle étaient sortis les jurés. Ils passèrent tout près de lui en rentrant dans la salle; mais il lui fut impossible de rien distinguer sur leurs traits : ils étaient impassibles comme la pierre. Pas un seul bruissement, pas le moindre souffle : « Oui, l'accusé est coupable ! »

La salle retentit par trois fois des acclamations de la multitude, et ceux du dehors y répondirent par des cris de joie, en apprenant qu'il serait exécuté le lundi suivant.

Quand le bruit se fut apaisé peu à peu,

on lui demanda s'il n'avait rien à dire contre la peine de mort. Il avait repris sa première attitude, et regardait attentivement le président; mais on fut obligé de lui répéter par deux fois cette question avant qu'il parût comprendre, et il marmotta seulement entre ses dents qu'il était un vieillard — un pauvre vieillard — un malheureux vieillard; puis il garda le silence.

Les juges prirent le bonnet noir, et le prisonnier resta dans la même position, la bouche béante et le cou tendu. Il y eut une femme dans la galerie, qui jeta un cri perçant, et le juif se retourna vivement, comme s'il eût été contrarié d'être interrompu. Le président prononça d'une voix émue la fatale sentence, et l'accusé resta tout le temps aussi immobile qu'une statue. A un signe du geôlier, il regarda d'un air stupide autour de lui, et s'étant levé, il suivit ce dernier.

On le conduisit le long d'un passage carrelé, dans lequel il y avait quelques prisonniers qui attendaient leur tour, et d'autres qui parlaient à leurs amis, à travers une grille donnant sur la cour. Quoiqu'il n'y eût là personne pour lui parler, ces derniers reculèrent à son approche, afin de laisser aux gens du dehors qui grimpaient sur la grille pour le voir passer, le loisir de le considérer tout à leur aise, et ils le huèrent, le sifflèrent et l'accablèrent d'injures. Il ferma les poings, comme s'il eût voulu les frapper, et il leur aurait craché au visage; mais le geôlier l'entraîna dans un autre passage très-obscur, conduisant aux cachots de la prison.

Arrivé là, on le fouilla pour s'assurer s'il n'avait rien sur lui pour prévenir la rigueur de la loi, en se donnant lui-même la mort, après quoi on l'enferma seul dans la cellule des condamnés.

Il s'assit sur un banc de pierre qui servait tout à la fois de siège et de lit, et baissant les yeux vers la terre, il chercha à rassembler ses idées. Peu à peu il se rappela quelques fragmens détachés de l'acte d'accusation, ainsi que certaines questions que le président lui avait faites et auxquelles il n'avait pas répondu sur-le-champ, parce qu'il ne les avait pas entendues; puis il arriva par degrés à ce terrible dénouement :

» *Condamné à être pendu par le cou, jusqu'à ce que mort s'en suive.* Telle avait été la fatale sentence : *Condamné à être pendu par le cou jusqu'à ce que mort s'en suive ! ! !*

Comme le jour commençait à baisser, il pensa à tous ceux qu'il avait connus et qui étaient morts sur l'échafaud ( plusieurs d'entre eux par sa propre faute) : le nombre en était si grand qu'il pouvait à peine les compter. Il avait assisté aux derniers momens de quelques-uns, et il s'était moqué d'eux parce qu'ils avaient accepté les secours de la religion et qu'ils avaient prêté une oreille attentive aux paroles du vieux prêtre. — Quel horrible craquement dans les membres, quand le bourreau retirait l'échelle !... Comme ces hommes si forts et si bien portans avaient passé rapidement de vie à trépas et n'offraient bientôt plus que l'image de vieilles guenilles pendues à la porte d'un fripier !

Sans doute, certains d'entre eux avaient dû habiter la cellule dans laquelle il était maintenant ; ils s'étaient assis sur le même banc. — On n'y voyait presque plus ; pourquoi ne lui apportait-on pas de la lumière?...

Cette cellule était construite depuis nombre d'années ; que de personnes avaient dû y passer leurs derniers instans !... C'était absolument comme des catacombes jonchées de cadavres ! — Le bonnet enfoncé sur les yeux, la potence, le nœud coulant, les mains attachées derrière le dos, la langue pendante et les affreuses contorsions que ces malheureux avaient dû faire et qu'il lui semblait avoir vues, bien que le bonnet leur cachât une partie du visage,.... horreur !!!... — « De la lumière ! de la lumière, entendez-vous ! apportez de la lumière ! »

Enfin, lorsqu'il se fut meurtri les mains à force de donner des coups de poing dans la porte et contre le mur, deux hommes parurent, l'un ayant à la main une chandelle qu'il mit dans un chandelier de fer fixé à la muraille, et l'autre portant un matelas pour passer la nuit, car le prisonnier ne devait plus rester seul.

La nuit vint ; nuit triste et silencieuse. Ceux qui veillent aiment ordinairement à entendre l'horloge des églises annoncer l'heure, car elles parlent de la vie et du jour qui vient ; pour le juif c'était le désespoir et la rage qu'elles produisaient en son cœur : chaque tintement de la cloche parvenait à ses oreilles chargé d'un cri de mort!

Le jour succéda à la nuit et s'écoula si rapidement que le juif eut à peine le temps de s'en apercevoir; puis encore une autre nuit plus longue que l'autre (si l'on en juge d'après les tourmens qu'il éprouva), et qui lui parut cependant si courte, puisque chaque seconde hâtait le moment de son trépas. Tantôt il entrait en fureur et blasphémait comme un damné, tantôt il s'arrachait les cheveux de désespoir et poussait d'affreux hurlemens. Des hommes vénérables de sa croyance étaient venus lui offrir des consolations religieuses, mais il les avait renvoyés, en les chargeant de malédictions : ils avaient renouvelé leurs charitables efforts, et il avait porté sur eux une main sacrilége.

Samedi soir! — Il n'avait plus qu'un jour à vivre; et à peine eut-il eu le temps d'y penser que le dimanche était arrivé!

Ce ne fut que lorsque le soir fut venu, qu'il commença à sentir toute l'horreur de sa position; non pas qu'il eût conçu auparavant l'espoir d'obtenir sa grâce, mais parce qu'il n'avait jamais pu s'imaginer qu'il dût mourir sitôt. Il avait dit peu de chose aux deux hommes qui le gardaient tour-à-tour, et ceux-ci n'avaient pas cherché à le faire parler. Il se promenait de long en large dans sa cellule, les yeux hagards, la bouche béante et la rage dans le cœur ; de sorte que ses gardiens, bien qu'accoutumés à de pareilles scènes, en furent effrayés et n'osant plus rester seuls avec lui, prirent le parti de le garder ensemble.

Il se coucha sur le banc de pierre et chercha à se rappeler le passé. Ayant été blessé par la populace, le jour qu'il avait été pris par la police, il avait un bandeau autour de la tête : ses cheveux roux pendaient sur son front ridé, sa barbe, pleine de poussière et de crasse, était mêlée en petits nœuds, son teint livide, ses yeux étincelans, ses joues creuses faisaient horreur à voir. Huit ! neuf ! dix ! Si ce n'était pas un tour qu'on lui jouait, et que ces trois heures se fussent réellement succédé aussi rapidement, où sera-t-il lorsqu'elles

sonneront de nouveau ? — Onze heures !
Minuit sonna que le dernier coup de onze
heures vibrait encore à ses oreilles.

Ces murs épais de Newgate qui ont caché
aux yeux des hommes tant de souffrances
et d'angoisses dont ils ne se font même pas
d'idée, n'avaient jamais renfermé un spectacle aussi affreux. Les personnes qui passèrent par là et qui se demandaient à elles-mêmes ce que pouvait faire, à cette heure,
l'homme qu'on devait pendre le lendemain,
auraient passé une bien mauvaise nuit, si
elles avaient pu voir le condamné en ce
moment.

Dès six heures du soir, jusqu'à près de
minuit, de petits groupes de deux ou trois
personnes se présentèrent à la grille de la
prison et s'informèrent du concierge s'il y
avait recours en grâce ou sursis d'exécution, et sur la réponse négative de ce dernier, ils communiquèrent cette bonne nouvelle à une foule de gens, leur montrant
du doigt la porte par laquelle le condamné
devait sortir pour aller au supplice, et
l'endroit où l'échafaud serait construit ;
et en se retirant ils tournèrent la tête

comme pour se représenter la scène qui aurait lieu le lendemain matin à huit heures.

Des barrières peintes en noir étaient déjà placées tout autour de la place de la prison, pour empêcher l'affluence de la foule que la curiosité ne manquerait pas d'attirer en ce lieu, quand M. Brownlow accompagné d'Olivier, se présenta au guichet, et ayant fait voir au concierge un permis d'entrée signé de l'un des shérifs, ils furent aussitôt introduits dans la loge.

« Ce petit jeune homme va-t-il avec vous au cachot du condamné ? » dit l'homme qui devait les y conduire. « Ce n'est pas un beau spectacle pour des enfans. »

« Sans doute, mon ami; vous avez parfaitement raison, » reprit M. Brownlow ; mais sa présence est indispensable, et je ne puis faire autrement que de l'emmener. »

L'homme les conduisit, sans mot dire, par plusieurs passages conduisant aux cellules ; et, tout en marchant, il les regardait du coin de l'œil avec un air de curiosité.

« Voici l'endroit par lequel il va passer, » dit-il, lorsqu'ils furent arrivés à une petite cour carrelée, dans laquelle plusieurs charpentiers travaillaient. » Si vous venez de ce côté, vous verrez la porte par laquelle il doit sortir. »

Il les mena dans une cuisine destinée à préparer la nourriture des prisonniers, et leur montra du doigt la porte en question au-dessus de laquelle était un grillage ouvert, au moyen duquel ils furent à même d'entendre le bruit des marteaux et des planches, ainsi que les voix des charpentiers qui montaient l'échafaud.

De là ils passèrent par plusieurs grilles qui leur furent ouvertes, de l'intérieur, par d'autres guichetiers; et ayant traveré une grande cour, ils montèrent un perron très-étroit, conduisant à un passage sur le côté gauche duquel était une rangée de petites portes massives, garnies de fer. Ayant dit à M. Brownlow d'attendre un instant, le geôlier frappa avec son trousseau de clés, à l'une de ces portes, et les deux gardiens ayant ouvert, après avoir échangé avec lui quelsques paroles à voix basse; firent signe à nos visiteurs de le suivre dans la cellule.

Le criminel était assis sur son banc, s'agitant de côté et d'autre comme une bête farouche prise au piége. Son esprit était sans doute enfoncé dans l'abîme profond de sa vie passée, car il continua de marmotter quelques phrases incohérentes, sans paraître remarquer autrement la présence des trois visiteurs, que comme faisant partie de son rêve.

« Bonjour, Charlot! » disait-il. — « Ah! bien joué! — Et Olivier, donc, ah! ah! ah! — C'est un monsieur, maintenant — tout à fait un monsieur! — Menez coucher cet enfant! »

Le geôlier prit Olivier par la main, et lui ayant dit tout bas de ne pas avoir peur, il regarda le juif en silence.

« Menez coucher cet enfant! » cria le juif. « M'entendez-vous, l'un ou l'autre? — Il est, en quelque sorte, la cause de tout ce qui est arrivé. — Ah! nous en ferons un des nôtres! — Il vaut bien la peine que je m'en occupe. — Guillaume, — soigne-moi Bolter! Sers-le comme il le mérite, sans faire attention à Nancy! — Coupe-lui le sifflet, à ce traître de Bolter! — Égorge-le, Guillaume!... Coupe-lui la tête! »

« Fagin! » dit le geôlier.

« Me voilà! — C'est moi! » s'écria le juif, prenant la même attitude qu'il avait pendant le cours des débats. « Je suis un vieillard, milords! — un pauvre vieillard! — un malheureux vieillard! »

« Voici quelqu'un qui demande à vous parler, Fagin, » dit le geôlier, lui posant la main sur l'épaule, pour le faire rasseoir. « Voyons, Fagin, n'êtes-vous plus un homme? »

« Je ne le serai pas long-temps! » reprit le juif, levant la tête et regardant le geôlier avec une expression de rage et de terreur. « Que les cinq cents millions de diables les enlèvent tous! — Quel droit ont-ils de m'assassiner? »

En parlant ainsi, il aperçut Olivier et M. Brownlow, et se reculant jusqu'à l'extrémité du banc, il leur demanda ce qu'ils lui voulaient.

« Allons, Fagin, restez tranquille, » dit le geôlier. « Maintenant, monsieur, » poursuivit-il, en s'adressant à M. Brownlow, « si vous avez quelque chose à lui dire, faites-le au plus vite, car il devient plus furieux à mesure que l'heure approche. »

« Vous avez des papiers, » dit M. Brownlow, avançant quelques pas, « qui vous ont été remis, pour plus de sûreté, par un certain homme appelé Monks ? »

« Il n'y a rien de si faux ! » répliqua le juif. « Je n'ai aucuns papiers !... je ne sais pas ce que vous voulez dire ! »

« Pour l'amour de Dieu ! » dit M. Brownlow d'un air grave ; « ne dites pas cela, maintenant que vous touchez à vos derniers momens ; avouez plutôt où ils sont. Vous savez que Sikes est mort, que Monks a tout déclaré et qu'il ne vous reste plus d'espoir ; dites-moi, où sont-ils ces papiers ? »

« Olivier » s'écria le juif en lui faisant

signe de la main, « viens ici que je te dise un mot à l'oreille. »

« Je n'ai pas peur, » dit tout bas Olivier, lâchant la main de M. Brownlow.

« Les papiers en question, » dit le juif attirant l'enfant vers lui, « sont dans un sac de toile, au fond d'un trou pratiqué un peu avant dans le tuyau de cheminée. — J'ai quelque chose à te dire, mon ami ; quelque chose d'important à te dire. »

« Oh! oui, oui! » répliqua Olivier. « Disons ensemble une prière, une toute petite prière à genoux, et nous causerons après, jusqu'à ce qu'il fasse jour. »

« Dehors! dehors! » repartit le juif poussant celui-ci vers la porte, et regardant d'un air égaré autour de lui. « Dis que je me suis endormi; et ils te croiront. — Je ne parviendrai jamais à sortir, si tu t'y prends de cette manière... Avance! avance! »

« Oh! que Dieu aie pitié de ce malheureux! » s'écria Olivier fondant en larmes.

« C'est cela! c'est cela! » dit le juif. « Nous réussirons ainsi!... Cette porte d'abord. — Si je tremble en passant devant l'échafaud, n'y fais pas attention ; mais va toujours comme si de rien n'était ! »

« N'avez-vous rien autre chose à lui demander ? » dit le geôlier, s'adressant à M. Brownlow.

« Non, » répondit celui-ci. « Si je pensais qu'on pût le ramener au sentiment de sa position ? »

« Ne croyez pas cela, » dit l'homme en branlant la tête ; « vous ferez mieux de le laisser. »

La porte de la cellule s'ouvrit et les gardiens rentrèrent à leur poste.

« Avance ! avance ! » s'écria le juif.... « Doucement ! — doucement !... un peu plus vite ! là,... comme cela !... c'est bien ! »

Les gardiens le séparèrent d'Olivier et le repoussèrent au fond de sa cellule. Il se débattit avec toute la force que donne le désespoir, et poussa des cris perçans qui pénétrèrent à travers les murailles épaisses de son cachot, et qui parvinrent aux oreilles de nos deux amis, jusqu'à ce qu'ils eussent traversé la grande cour.

Ils furent quelque temps à sortir de la prison, car Olivier sentit son cœur défaillir après cette scène affreuse : ses jambes tremblaient sous lui, et il se trouva si faible, qu'il fut plus d'une heure sans pouvoir marcher.

Le jour commençait à paraître, quand ils franchirent le seuil de la prison. Une multitude de personnes étaient déjà rassemblées sur la place de l'exécution ; les fenêtres étaient remplies de gens qui fumaient et qui jouaient aux cartes, pour passer le temps ; chacun se pressait, se poussait ou se querellait; le rire bruyant et les plaisanteries grossières circulaient à la ronde ; tout parlait de vie et de gaieté ; tout, excepté l'échafaud, la potence et la corde (appareil hideux de la mort), exposés au centre de la place, pour servir de spectacle à cette foule avide qui semblait attendre le coup de huit heures avec la plus grande impatience.

## CHAPITRE XI.

#### CONCLUSION.

Les destinées de ceux qui ont figuré dans cet ouvrage sont presque fixées, et il ne reste à l'historien que peu de chose à dire.

En moins de trois mois, Rose Fleming et Henri Maylie furent mariés dans la petite église dont celui-ci devint le pasteur et dans le presbytère de laquelle ils s'établirent le même jour.

Madame Maylie vint demeurer avec ses enfans, pour jouir, pendant ses dernières années, de la félicité la plus pure que la vieillesse et la vertu puissent connaître : celle d'être témoin du bonheur de ceux qui avaient été constamment les objets de ses soins les plus tendres et de ses offections les plus vives.

Il paraît, d'après un sérieux examen, qu'en partageant également entre Olivier et Monks, les débris de l'immense fortune dont celui-ci était seul possesseur (laquelle n'avait jamais profité dans ses mains, pas plus que dans celles de sa mère), il leur revenait à chacun un peu plus de trois mille livres sterling. Par le testament du père, Olivier avait droit à la totalité; mais M. Brownlow ne voulant pas priver l'aîné des moyens de changer de vie et de suivre une honnête carrière, proposa ce partage auquel Olivier consentit du plus grand cœur.

Monks ayant jugé à propos de garder ce nom d'emprunt, se retira dans une partie éloignée du Nouveau-Monde, avec la portion que voulut bien lui accorder M. Brownlow et qu'il dissipa promptement. Il reprit bientôt ses mauvaises habitudes et retomba dans ses anciens vices. Ayant subi un long emprisonnement, pour quelque nouveau méfait, il finit par succomber à l'affreuse maladie à laquelle il était sujet, et mourut en prison. Ainsi moururent, loin de leur patrie, les principaux membres de la bande de Fagin.

M. Brownlow adopta Olivier comme son propre fils, et étant venu, à la grande satisfaction de ce dernier, demeurer avec sa femme de charge, à un mille environ du presbytère qu'habitaient les nouveaux époux, ils composèrent une petite société de vrais amis, dont le bonheur fut aussi parfait qu'on peut l'espérer en ce monde.

Peu de temps après le mariage de nos jeunes gens, le bon docteur retourna à Chertsey, où privé de la société de ses dignes amis, il ne tarda pas à s'ennuyer et serait bientôt devenu maussade, pour peu qu'il y eût été disposé par caractère. Pendant deux ou trois mois, il se contenta de donner à entendre qu'il craignait bien que l'air de Chertsey ne fût contraire à sa santé, puis voyant qu'il ne s'y plaisait plus comme auparavant, il céda sa clientelle à son associé et loua une petite maison à l'entrée du village dont son jeune ami était pasteur. Il s'y livra au jardinage, à la pêche et à diverses occupations de ce genre, avec toute l'ardeur dont il était susceptible, et il s'acquit bientôt une réputation colossale parmi les habitans du pays qui venaient de temps en temps le consulter sur ces sortes de choses.

Avant de venir s'installer dans sa nouvelle demeure, il avait contracté une forte amitié pour M. Grimwig qui lui rendait le réciproque. En conséquence, il reçoit bien souvent la visite de cet excentrique monsieur qui, en ces occasions, jardine, pêche et charpente avec une activité sans égale, faisant chacune de ces choses à rebours de tous les autres, et affirmant (avec sa proposition favorite) que sa manière de s'y prendre est infiniment préférable à toute autre. Le dimanche, il ne manque jamais de critiquer le sermon, à la face du jeune prêtre, avouant toujours après, en confidence, à M. Losberne, qu'il le considère comme un chef-d'œuvre d'éloquence et de composition, mais qu'il fait aussi bien de ne pas en convenir. M. Brownlow prend plaisir parfois à le railler sur sa prédiction concernant Olivier, et à lui rappeler ce certain soir où, la montre sur la table, ils attendirent si long-temps le retour de ce dernier; mais M. Grimwig soutient que, dans le fait, il avait raison; et la preuve, c'est qu'en effet Olivier n'est pas revenu : ce qui provoque toujours le rire de nos deux amis et les met en bonne humeur.

Le sieur Noé Claypole ayant obtenu sa grâce de la couronne pour avoir témoigné contre le juif, et ayant considéré que sa profession n'était pas tout-à-fait aussi sûre qu'il le désirait, avisa nécessairement aux moyens de gagner sa vie, sans être par trop surchargé de besogne. Il fut d'abord assez embarrassé sur le parti qu'il avait à prendre ; mais après quelque réflexion, il se fit mouchard, partie dans laquelle il réussit assez bien. Il se promène régulièrement tous les dimanches, pendant l'heure de l'office, en compagnie de Charlotte, décemment vêtue; celle-ci s'évanouit à la porte des charitables cabaretiers, et Noé s'étant fait servir pour trois sous d'eau-de-vie afin de la faire revenir à elle, fait sa déposition le lendemain contre tel ou tel cabaretier qui a contrevenu à la loi, en ouvrant sa boutique pendant l'office; alors il empoche la moitié de l'amende. Quelquefois c'est le sieur Claypole lui-même qui se trouve mal; mais le résultat en est toujours le même.

Les époux Bumble, privés chacun de leur emploi, furent réduits graduellement à la plus affreuse misère et finirent par être reçus comme *pauvres* dans le dépôt de mendicité, où ils avaient jadis gouverné en *despotes*. On assure avoir entendu dire à M. Bumble que, dans son malheur, il était si accablé, qu'il n'avait pas même le courage de se réjouir du bonheur d'être séparé de sa femme.

Quant à Giles et à Brittles, ils sont toujours à leurs anciens postes, bien que le premier soit chauve, et que celui-ci ait les cheveux tout gris. Ils couchent au presbytère, mais ils partagent si également leur temps et leurs soins, entre les commensaux du logis, Olivier, M. Brownlow et M. Losberne que, jusqu'à ce jour, les habitans du village n'ont pas encore pu deviner à laquelle des trois maisons ces deux bons serviteurs appartiennent.

Charles Bates, épouvanté par le crime de Sikes, fit de sérieuses réflexions sur sa conduite passée, et persuadé qu'après tout, une vie honnête vaut cent fois mieux, il résolut de s'amender et de vivre désormais de son travail. Il eut beaucoup à souffrir dans les commencemens; mais avec de la persévérance et de la bonne volonté, il atteignit le but qu'il se proposait. De valet de ferme, il devint charretier, et est aujourd'hui un des plus joyeux fermiers du comté de Northampton.

Et maintenant, la main qui a écrit cette histoire, hésite à mesure qu'elle approche de la conclusion, et voudrait, s'il était possible, en prolonger le récit.

J'aimerais à m'arrêter encore avec quelques-uns de ceux parmi lesquels je suis resté si long-temps, et que j'ai fidèlement suivis dans le cours de leurs aventures ; je voudrais pouvoir partager leur bonheur en essayant de le décrire ; je peindrais Rose Maylie (la grâce et l'honneur de son sexe), répandant autour d'elle la joie dans tous les cœurs, et faisant l'âme de la petite société réunie l'hiver autour du feu ; je la suivrais l'été dans les champs, et j'entendrais le doux son de sa voix, dans ses promenades du soir, au clair de lune ; je serais témoin de la libéralité avec laquelle elle distribue des aumônes au-dehors, et de la manière gracieuse dont-elle remplit ses devoirs à la maison. Je rapporterais ses conversations avec Olivier, au sujet des parens qu'ils ont perdus et qu'ils n'ont pas eu le temps de connaître ; je prendrais plaisir à contempler deux jolis petits êtres se jouant autour d'elle et l'égayant par leur charmant babil ;

j'entendrais ce rire enfantin qui rappelle l'innocence, et je verrais briller dans l'œil bleu de leur mère, des larmes de joie à la vue de cette scène touchante.

M. Brownlow s'appliqua entièrement à former le cœur et l'esprit de son fils adoptif, et il s'attacha à lui de plus en plus, à mesure que la nature de ce dernier se développa, et qu'il le vit mettre à profit les sages leçons qu'il lui donnait chaque jour.

On devinera sans peine que nos deux orphelins, élevés à l'école du malheur, durent être bons et indulgens pour les autres, et qu'ils remercièrent la Providence qui les avait sauvés d'une manière si miraculeuse; car j'ai dit qu'ils furent véritablement heureux; et sans cette affection pour nos semblables et cette reconnaissance pour *celui* d'où découlent tous les biens d'ici bas, c'est en vain qu'on chercherait le bonheur.

Derrière l'autel de l'église du village, est une table de marbre blanc, sur laquelle est gravé ce seul mot « *Agnès*. » Il n'y a point de cercueil sous cette pierre, et puisse-t-il n'y en avoir pas de si tôt ! Mais si les morts reviennent en esprit sur la terre, pour visiter les endroits qui leur sont consacrés par « l'amitié » ( ce sentiment durable qui existe même au-delà du tombeau ), il est à croire que l'ombre de cette pauvre jeune fille plane souvent autour de ce réduit sacré, bien que ce soit un temple, et qu'elle n'ait été qu'une pauvre pécheresse.

FIN.

www.ingramcontent.com/pod-product-compliance
Lightning Source LLC
Chambersburg PA
CBHW071911160426
43198CB00011B/1255